JN081234

もしも
海賊に襲われたら

究極のサバイバルシリーズ

文響社

The COMPLETE WORST-CASE SCENARIO Survival Handbook:
MAN SKILLS（Part1）
by Joshua Piven, David Borgenicht and Ben H. Winters
illustrated by Brenda Brown
©1999-2010 by Quirk Productions, Inc.

First published in English by Quirk Books, Philadelphia,
Pennsylvania,
Japanese translation rights arranged with Quirk Productions,
Inc. through Japan UNI Agency, Inc., Tokyo

警告

　命の危機が目前に迫ったときや恐ろしい状況に追いこ
まれたとき、どこを探しても安全な逃げ道など見つから
ないかもしれません。本書で紹介するような窮地に陥っ
たときにおすすめする対処法は、特別な知識を持つ専門
家の助言に従うことです（おすすめというより、絶対に
従ってください）。とはいえ、窮地に陥ったときに必ず
しも専門家が傍らにいてくれるとは限らないので、あり
とあらゆる危険な事態を切り抜けるために役立つ技術を、
前もって聞いておきました。

　本書で紹介されている対処法を安易に試してみるよう
な行動は絶対にやめてください。本書に記されている情
報を実践して負傷した場合、不適切な状況下であれば言
うまでもなく、たとえ適切な状況下であったとしても、
出版社、著者、そして専門家、すべての関係者は全責任
を放棄いたします。本書が紹介する技術や情報はすべて
専門家が提案したものではありますが、それらが必ずし
も完璧な解決策であること、安全であること、適切であ
ることは保証しません。さらに、読者の皆さんが持ち合
わせている正しい判断力と一般常識を無視してまで従え
というものでもありません。

　最後に、本書は他者の権利侵害や、法律に違反するこ
とを推奨するものではありません。読者の皆さんには、
法律を守り、財産権を含む他者のあらゆる権利を尊重し
ていただきますよう、心よりお願い申し上げます。

—— 著者より

もくじ

チャプター3

恋愛とパートナーとのあれこれ

序文

あっさり諦めるか、生き延びるか。
人生、それが問題だ。

　生命ある限り、危険は覚悟しておかなければならない。

　アーサー王が円卓を設けた時代に、騎士たちが乙女を守るために戦いへ繰り出しては槍に射ぬかれていたように、人間には避けて通れない戦いがあるのだ。現代に生きる老若男女たちとて例外ではないだろう。レジャー先で、近所を散歩中に、スポーツやエクササイズに夢中になっているときに、いつも通りの日常に潜む落とし穴——突如として襲ってくるヒアリの群れ、なんにもないところでひっくり返る車、スタジアムの暴動、理性を失ったゴルファーとの駆け引き——と、いつ戦うことになるか、誰にも予測できない。

　そしてもちろん、恋愛は人生最大の危険となり得る。誕生日を忘れたら。婚約者の両親とのあいだに不協和音が流れたら。別れ話がこじれたら。最愛の存在が、最悪の状況へとあなたを容赦なく引きずりこむのは、火を見るよりも明らかだ。順風満帆だった（かもしれない）あなたの人生に暗雲が立ちこめるのも時間の問題だろう。

　あれこれ言ってきたが、実際のところ、人が危険に晒される最大の原因は、自分自身だったりもする。独身だろうが既

婚者だろうが、少年少女だろうが、生い先短い翁だろうが媼だろうが、どんな人でも共通の信条を抱いている。それは「自分だけは、大丈夫」という強い思いである（「妄信」ともいう）。どれだけ過酷な現実を突きつけられようとも、本当の自分は極秘ミッションを遂行できる選ばれた人、ジェームズ・ボンドか、スーパーマンか、はたまたスパイダーマンなのだと心の奥底では信じているのだ。

　そのため、どんな状況であろうと自分の力で解決できると過信してしまう。たとえば、道案内なんかなくとも帰り道がわかるはずだとか、サンドイッチくらいテレビから1秒たりとも視線を逸らさずに作れるはずだとか思ってしまうのだ（これを読んでいるそこのあなた、あなたのことですよ！）。

　どこにでもいるフツーの常識的な庶民ならば、こんな言葉、身に覚えはないだろうか？
「ネズミに噛まれても、へっちゃら」
「栓抜きなんかなくっても、瓶ビールくらい簡単に開けられる」
「タイヤが全部パンクしたって、安全運転なんて朝飯前だし」
　普段から自分で言っているのだから、このくらいのことは本当にできるのだということにしておこう。

　勇敢でなくてもいい。でも、生き残るには知恵とたくましさが必要だ。

　この本を読めば、どんな危険さえも乗りこえていけるはず（妄信でもいい、信じてほしい）。ちなみに、本書はそこそこ分厚いので、槍で胸を貫かれそうになったら盾代わりに使えないこともない……かもしれない。

著者　ジョシュア・ペイビン
デビッド・ボーゲニクト

これ以上ない脱出

もしもオオカミの群れに遭遇したら

1. 走りやすい地面まで、ゆっくり移動する。

冬場のオオカミは、獲物を雪深い地帯や凍った湖まで追いつめる習性があります。獲物の蹄が沈んでしまったり、滑ったりしているうちに食らいつこうという計画です。オオカミの肉づきがいい大きな足は、雪や氷の上を移動するのに非常に優れているのです。オオカミを目撃したら、雪や氷のない地帯までゆっくり移動しましょう。身をかがめたり、走り出したりしないこと。冬以外の乾いた地面でも、オオカミはたやすく獲物に追いついてしまいます。たとえ短距離でも、一気に時速60キロ近くまで加速できるのです。オオカミから走って逃げようなんて、どう考えても不可能です。

2. オオカミの姿勢を観察する。

オオカミはどんな体勢からでも攻撃を仕掛けられる動物ですが、尾と耳をピンと立てているのは自分が支配する立場であるということを示している証拠です。さらに、この体勢は攻撃を仕掛ける準備段階の場合もあります。

3. 群れの1匹に狙いを定める。

ほとんどのオオカミは人間を恐れており、出くわせばすぐにでも逃げ出したいと思っているはずです。群れの1匹に

狙いを定め、大声で叫びながら突進していけば驚いて逃げ出すかもしれません。残りの群れも、逃げ出した1匹に続いて走り出すでしょう。

4. 枝や石を投げつける。

それでもオオカミが逃げない場合は、最も近くにいる1匹に枝や石を投げつけてください。オオカミは獲物の足などに噛みついて地面に引きずり倒そうとしてきます。足に噛みつこうとするオオカミを蹴ったり殴ったりして、追い払いましょう。

[プロの助言]

▶ 人間に捕らえられたオオカミほど人間を襲います。オオカミが人間を襲うのは、「人間なんかに支配されてたまるか！」という意思の表れである場合が多いです。そのため、人間に捕らえられたオオカミほど、人間を襲って食べてしまうのです。

▶ 1匹で行動しているオオカミは、群れで行動しているオオカミより攻撃性が強いですが、群れに襲われるほうが危険度は高いです。

▶ 野生のオオカミでも多くは人間の存在に慣れているため、不用意に攻撃を仕掛けてくる可能性は低いです。これは、オオカミが人間に対する恐怖心を失ったことに起因しています。

▶ 昼夜問わず、オオカミは狩りを行います。

▶ 成獣のオオカミの咬合圧（噛みついたときの顎の力）は1平方インチ（約2.5×2.5センチ）につき約700キロにも及びます。警察犬として知られるジャーマンシェパードでも、咬合圧は1平方インチにつき200キロほどです。

▶ オオカミの群れは、通常30匹ほどで構成されています。

もしもヒアリの群れに
遭遇したら

1. ヒアリを体から払い落とす。

ヒアリには毒針があります。皮膚に噛みついて体を固定すると、お尻の毒針で何度も刺してきます。刺されるたびに体内に注入される毒の量は増えていきます。ヒアリに刺されると、その名の通り焼けるような強烈な痛みを伴います。手や衣服を使い、噛みついているヒアリが離れるまで払い続けてください。飛び跳ねたり、体を揺さぶってみたり、水をかけたりしてもヒアリの攻撃は止まりません。むしろ余計に痛い思いをするだけです。

2. その場所から逃げる。

体からヒアリを払い落としながら、その場所を離れてください。巣へ接近したり、狩猟中のヒアリに遭遇したりしてしまうと、一瞬のうちに体に群がってきて刺されてしまいます。特に気温が高い時期や、ヒアリが体の近くにいた場合には、あっというまに数百匹のヒアリに群がられてしまいます。そうなると、巣から離れてもヒアリの攻撃は止まりません。走りながら、ヒアリを払い落としましょう。

3. 服を脱ぐ。

ヒアリが衣服の織り目やしわの中に潜んでいて、油断した隙に刺されてしまうかもしれません。まず安全な場所に避難し、体についたヒアリを払い落としてください。それから靴、靴下、ズボンなど、ヒアリがついた衣服はすべて脱いでください。ヒアリがついていないか、慎重に調べてから着直します。特にポケットや縫い目は、よく調べ、可能であれば、再び着用する前に洗濯しましょう。

4. 傷口を治療する。

20〜30分程度は安静にし、体調の変化がないか注意してください。刺された部位を、冷たいタオルや保冷剤などで冷やします。刺されてから数分すると、傷口が赤く腫れてきます。局所抗ヒスタミン薬で、患部の痒（かゆ）みがやわらぐ場合もあります。

数時間、または数日が経過すると患部が白みを帯びて膿が出てきます。数日から数週間は、その状態が続くでしょう。膿が出てきたら、直ちに漂白剤と水を同量混ぜ合わせた液体で洗浄すると痛みと痒みを抑えられます。それでも痛みが引かない場合には、市販の痛み止めを服用してください。刺された直後に治療を行っても、膿が出るのは避けられません。膿が溜まった膿疱（のうほう）がつぶれたら、抗菌性の軟膏を塗って感染症を防いでください。膿疱がつぶれると、傷跡が残る可能性があります。

5. 様子を見る。

健康な大人でも、数百匹に刺されると深刻な症状に見舞われる可能性があります。

アレルギーを持っている人は、命にかかわる合併症を引き起こす場合もあるでしょう。胸を刺すような痛み、吐き気、

過剰な発汗、息切れ、手足の異常なむくみ、ろれつがまわらないなどの症状が出ていないか注意し、このような症状が確認された場合は、直ちに医師の治療を受けてください。ヒアリに刺されることでアナフィラキシーショックを起こすかもしれません。その場合は、すぐにエピペンを打ってください。

もしもネズミに噛まれたら

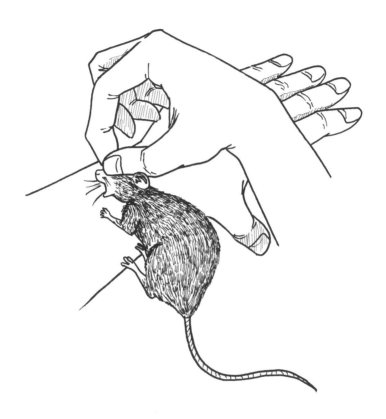

親指と人差し指で、ネズミの目と鼻のあいだをつまんで引き剥がしてください。出血している場合は、清潔な乾いた布を当てて止血します。傷跡と、ネズミに触れたすべての部位を石けんで洗い流してください。傷口には、絆創膏やガーゼを貼っておきましょう。そして、念のため医師の診断を受けることをおすすめします。

もしも凶暴な犬に遭遇したら

1. 隠れる。

車内や木の上など、とにかく安全な場所に避難してください。ただし、やみくもに隠れ場所を探して走りまわらないこと。

2. じっとする。

犬が近づいてきたら、走って逃げないでください。背中を向けて逃走するのは、自分は弱い獲物だと伝えているようなものです。

3. 強そうに見せる。

体を大きく見せて、自信満々に立ってください。

4. 強そうな声を出す。

力強い声で「来るな」と言いましょう。大きな声を出すのは重要ですが、叫ばないように注意してください。

5. 長く目を合わせない。

6. ゆっくり後退する。

犬は縄張り意識の強い動物です。人間が縄張りの外に出ることで、犬が興味を失う場合が多いです。そっと逃げながらも、犬の居場所には気を配っておくこと。

7. 自己防衛をする。

犬が唸って突進してきたら、木の枝を振りまわしたり、靴を投げつけたりして噛まれないようにしてください。そして犬が躊躇した隙をつき、こちらから突進して大声で叫んでください。これは急に敵意を剥き出しにする突拍子もない行為なので、犬が逃げ出すか、犬を逆上させるかのどちらかです。犬から目を離さず、噛まれないように一定の距離を保っておきましょう。

8. 攻撃をかわす。

上着を脱いで、腕にゆったりと巻いておきます。その腕を体の前に出し、あえて犬に狙わせましょう。まんまと犬が噛みついたら、すばやく上着から腕を抜いて逃げてください。

9. 丸くなる。

逃げ損ねたり、犬に追いつかれたりしたら、赤ん坊のように体を丸めてください。両手で喉と顔を守ります。犬が遠くへ行ったと確信できるまで立ち上がらないこと。

[プロの助言]

▶ 攻撃してくる犬から走って逃げようとするのは危険です。無防備な背中、お尻、ふくらはぎを犬に晒して逃げることになります。結果、簡単に噛みつかれてしまい、無意味です。一般的な人間が走ったときの最高速度は時速約25キロですが、犬の最高速度は時速約70キロにも及びます。

▶ 犬に攻撃されて"軽く"噛まれるなどということは、絶対にあり得ません。サクッと噛みつかれただけに見えても、犬が噛みついたまま少し頭を揺さぶれば、当然のことながら筋肉は深刻なダメージを負うでしょう。また、犬に噛まれると感染症を引き起こす危険があります。最悪の場合、狂犬病を発症することもあるでしょう。小さな噛み傷だったとしても、必ず医師の治療を受けてください。

木の上に逃げる。

もしも海賊に襲われたら

1. 海賊を見かけたら、直ちに逃げる。

海が荒れていなければ、どこまでも徹底的に逃げてください。近くに岸がある場合は、全速力で岸を目指してください。

2. 危険信号を発信する。

付近の船に危険信号を伝達します。さらに国際VHF（船舶共通通信システム）のch16に遭難信号を発信し、現在地を伝えてください。海岸基地からの警備隊が間に合うかどうかは、いかに遭難信号を早く発信できるかにかかっています。

国際VHFは、航行の安全に関する重要な通信を行うための無線通信システムで、多数の船舶に利用されています。

3. 船へのアクセスを完全に封鎖する。

船にネズミよけを設置し、海賊がよじ登ってこられないようにしてください。すべてのドアと昇降口は施錠しておくこと。

4. 水で船を守る。

デッキを水浸しにして、滑りやすくしておきましょう。特

デッキを水浸しにして、滑りやすくする。

に海賊が乗りこんでくるときの足場になりそうな場所を重点的に狙いましょう。また、ホースから勢いよく水を放出して海賊が近寄れないようにしてください。

5. ライトや音響で海賊を撃退する。

船をよじ登ろうとする海賊の目にライトを当て、一時的に見えなくさせてやりましょう。そして警報や警笛を断続的に鳴らしたり、緊急用の火せん（遭難信号弾）を打ち上げたりして近隣の船の注意を引きます。船員の命を守るためならば、海賊の侵入口に向かって火せんを発射してください。海賊の侵入を防ぎつつも、安全な航路を見失わないように注意してください。

6. 侵入されたら、おとなしく従う。

海賊がほしがるものはすべて差し出し、海賊が船内に居座る時間を最小限に抑えましょう。ヒーローになりたい衝動は、グッとこらえてください。海賊が早く去ってくれれば、それだけ無事でいられる確率も高くなります。「銃器を使うぞ」などと脅したりしないでください。海賊を怒らせ、さらに大型の銃器で暴力行為に向かわせる引き金になりかねません。

7. 襲撃を関係機関に報告する。

最寄りの救助調整センター（日本では海上保安庁）に詳細な報告を上げてください。近隣の沿岸国にも通知し、船主が属する国と旗国にも報告してください。今後の被害を未然に防ぐため、その後の捜査にも協力してあげましょう。

海賊に狙われない方法

１. 気を抜かない。

海賊による襲撃の多くは、船員が周囲に目を配ることで防げます。船上を忙しそうに動きまわり、周囲を警戒しているのだとアピールしましょう。

２. ルーティンは避ける。

ランダムな行動を心がけ、海賊に動きを読まれないようにしましょう。

３. 夜間の見張りを強化する。

船後方の見張りの人数を重点的に増やしてください。海賊が最も襲撃を仕掛けやすい時間帯は、深夜１時〜６時のあいだです。

４. "狙う価値もない"と思わせる。

デッキには貴重品を置かないでください。さらにライトで海を照らし、海賊の侵入を防ぎます。

５. 小型船で近づいてくる地元住民を雇わない。

仕事を探しているだけのように見えても、実は海賊が獲物となる船を物色しているのかもしれません。

[プロの助言]

▶ インドネシアやマレーシア周辺、南米のブラジルやエクアドル付近、インド洋のベンガル湾やソマリア周辺海域、ナイジェリアの大西洋岸付近でも多くの海賊が出没しています。

もしも鍵なしで車の
エンジンをかけなくちゃ
ならなくなったら

所有者の許可なく、鍵を使わずに車のエンジンをかけるの
は違法です。配線をショートさせてエンジンをかける方法
は、非常に危険でもあります。失敗すれば、感電してしま
うこともあるでしょう。また、すべての車に通用する手段
ではなく、特に防犯装置が装備されている車には太刀打ち
できません。遮断スイッチ（キルスイッチ）が装備されて
いれば、配線がショートしないこともあります。遮断スイッ
チは、燃料や電源を遮断して、エンジンを停止させる装置
です。

1. ボンネットを開ける。

2. コイル(赤色のワイヤー)を探す。

プラグワイヤーをたどれば、その先にコイルがあります。
主に大型乗用車に使用されているV型8気筒エンジンの場
合、プラグワイヤーとコイルはエンジンの後部を探せば見
つかるはずです。6気筒エンジンの場合は、エンジン中央
部の左側を探してください。4気筒エンジンの場合は、エ
ンジン中央部の右側を探しましょう。

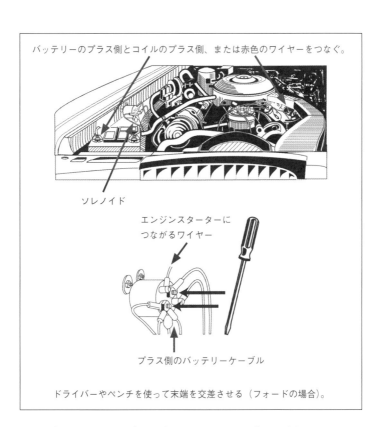

バッテリーのプラス側とコイルのプラス側、または赤色のワイヤーをつなぐ。

ソレノイド

エンジンスターターに
つながるワイヤー

プラス側のバッテリーケーブル

ドライバーやペンチを使って末端を交差させる（フォードの場合）。

3. バッテリーのプラス側とコイルのプラス側、または 赤色のワイヤーをつなぐ。

エンジンをかける際の、いわば着火剤の役割を担う工程で
す。この作業なしに車を走らせることはできません。

4. スターターソレノイドを探す。

ＧＭ（ゼネラルモーターズ）の車であれば、エンジンスター
ターを探せば見つかるでしょう。フォードの車の場合は、
助手席側のフェンダーを探してください。簡単な見つけ方

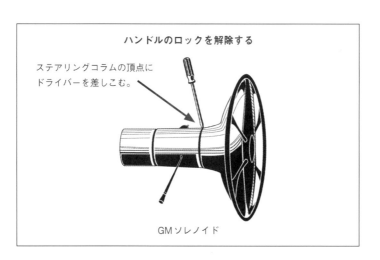

ハンドルのロックを解除する

ステアリングコラムの頂点に
ドライバーを差しこむ。

GMソレノイド

は、バッテリーのプラス側のケーブルをたどることです。
ケーブルの先に、短めのワイヤーがあるはずです。ドライ
バーやペンチを使い、この2本を交差させてください。こ
れで、エンジンがかかるはずです。

5. マニュアル車の場合、必ずギアをニュートラルに入れてサイドブレーキをかける。

オートマチック車の場合は、シフトレバーをパーキングに
入れること。

6. マイナスドライバーを使ってハンドルのロックを解除する。

ステアリングコラムの頂点にドライバーを当て、ハンドル
とコラムの隙間に差しこみます。ロックをかけている"止
めピン"をハンドルから外します。止めピンを外すときは、
思いきり力をかけてください。壊れたりしないのでご安心を。

もしも車のエンジンが火を噴いたら

道路の端に寄せて車を停め、エンジンを切ってください。ボンネットは閉じたままにしておくこと。車を降りたら、車両から少なくとも約100メートルは離れてください。

もしも車で階段を下らなくちゃならなくなったら

1. 狙いを定める。

目視できる階段のギリギリのところ、そのど真ん中に狙いを定めてください。そこから目を逸らさず、まっすぐ車を走らせてください。

2. アクセル全開。

階段の5メートルほど手前まで来たら、アクセルを全力で踏みこんでください。最初の段差を加速した状態で踏み出すためです。

3. 口を閉じる。

舌は口の奥に引っこめておきましょう。車が弾む衝撃で上下の歯がぶつかり合わないように、しっかり食いしばっていてください。

4. ハンドルをしっかり握る。

ハンドルをしっかり握り、車がグラグラと揺れて進行方向がぶれないように調整してください。

後輪が最下段まで来たら、アクセルを全開にする。

5. アクセルペダルから足を下ろす。

車のバンパーが階段の最下段を越えたら、アクセルペダル
から足を下ろしてください。あとは重力が車を下ろしてく
れるので、加速する必要はありません。アクセルペダルに
足を乗せたままにしておくと、車が弾む衝撃で踏みこんで
しまう恐れがあるので、必ず足は下ろしておくこと。

6. 再びアクセル全開。

後輪が階段の最下段を踏んだと感じたら、再びアクセルを
全開にしてください。階段を降りきるための、最後の加速
です。

7. ぶれないように注意する。

ハンドルをしっかり握って車両をコントロールしてください。

もしも車で階段を上らなくちゃ
ならなくなったら

1. 狙いを定めて加速する。

両方のサイドミラーを使って、左右に十分なスペースがあ
ることを確認してください。最下段まで5メートルほどに
迫ったら、アクセルを踏んで加速します。

2. 前輪が最下段に当たったら、さらに加速する。

後輪まで階段に乗れるように、しっかり加速してください。

3. 減速禁止。

重力に負けてしまわないように、加速し続けてください。

階段のてっぺんに差しかかったら、最後のダメ押しでさら
に加速します。

［プロの助言］

▶ 車高（最低地上高＝車体底部から地面までの高さ）が低いと、階段の上り下り
で底面が傷だらけになる恐れがあります。場合によっては深刻なダメージを負
うこともあるので注意してください。タイヤに十分な量の空気を入れておくだ
けでも、車高に差が出ます。

▶ 時間に余裕があれば、車を発進させる前に階段の最下段に木製の傾斜台でも置
いておくと、よりスムーズに上れます。車の底面が負うダメージも少なくて済
むでしょう。

▶ 後輪駆動車よりも、前輪駆動車のほうがうまくいきやすいです。理想的なのは、
より強い力で牽引できる全輪駆動車です。

もしも車が山の斜面を下り始めたら

1. 一定の強さで、しっかりブレーキを踏む。

車道を逸れてしまったからといってブレーキを力いっぱい踏みこんだりせず、流れに任せて斜面を下ってください。ブレーキを踏んでしまうとタイヤが勢いを失い、車が横滑りして横転する危険が増してしまいます。

2. ハンドルをしっかり握る。

車が激しく揺れ、運転席で体が浮いてしまうはずです。それでも、手の位置を10時10分にキープしてください。親指は、ハンドルの外側に出しておくこと。親指を内側に入れておくと、障害物に衝突した際の衝撃で指や腕を負傷してしまうかもしれません。

3. まっすぐ下る。

一定の強さでブレーキを踏みながら、まっすぐ坂道を下ってください。車体が横を向いてしまうと、横転して坂道を転がり落ちる危険性が増します。運よく横転で命を落とさなかったとしても、そのまま転がり落ちていく他、なす術はありません。

4. ハンドル操作を行う。

車が滑り落ちている方向に向かってハンドルを切ってください。タイヤの勢いが損なわれないので、ブレーキ操作とハンドル操作がより効果的になります。

5. 低速ギアに切り替える。

斜面を下っている最中で操作が利くようになったら、エンジンブレーキを使って勢いを緩めてください。マニュアル車の場合は、アクセルペダルから足を下ろしたまま、低速ギアに切り替えてください。オートマチック車の場合は、アクセルペダルから足を下ろしたまま、ギアをドライブから低速ギア、もしくはその車のシステム上で最も低速のギアに入れてください。加速しすぎないようにブレーキペダルを踏み続けますが、タイヤがロックされないように加減しましょう。

6. 車が進む方向にタイヤを合わせて、再び操作が利くようにする。

急な下り坂では、ブレーキを踏むと車両の重さがすべて前輪にかかってしまい、前輪を軸に1回転する恐れがあります。車が滑り落ちている方向にハンドルを切り、そっとアクセルを踏んで車を制御してください。

7. 一定の強さでブレーキを踏んで車を停止させる。

車が停止したら、サイドブレーキを引いて車を降りてください。ブレーキを踏んでも車が停止しない場合は、手順8へ進みましょう。

障害物に衝突して車を停止させるのは、あくまで最終手段とする。

8. タイヤを空回りさせる。

車を停止させられずに崖から落ちそうになった場合は、大きな岩や倒木などを探してください。障害物を見つけたら、前輪と前輪のあいだのちょうど真ん中めがけて、後輪が浮き上がらないように車体をぶつけます。この方法は、高さが30センチぐらいの障害物がないと成立しません。こうして車を立ち往生させるのが難しい場合は、手順9に進んでください。

9. 障害物に衝突する。

生存確率を少しでも上げるために、時速20キロ以下に減速し、木や岩などに車の頭から突っこみます。車体の横側から衝突すると、横転の危険があるので注意すること。運転

手と同乗者の全員がシートベルトを着用し、運転席と助手席にはエアバッグが設置されていることを確認しましょう。障害物に衝突して車を停止させるのは、あくまで最終手段です。

[プロの助言]

▶ オフロード（舗装されていない道）では、アンチロック・ブレーキシステムは効果的ではありません。アンチロック・ブレーキシステムとは、タイヤの速度を計測して回転数のバランスを取るためだけにブレーキを作動させるシステムです。ブレーキが利かなくなったときに、タイヤの回転を停止させるものではありません。斜面を下っている際はブレーキペダルを踏み続ける必要がありますが、オフロードではタイヤにかかる圧力が均一ではない可能性があることを理解しておきましょう。

車道に戻りたい場合

1. 車の損傷具合を確認する。

車を降りて、どれだけ損傷しているか確認してください。ブレーキ液（赤い液体が車体の下に漏れていないか）や、ステアリング部品（破損した部品が前輪内部から垂れ下がっていないか）を、しっかり確かめましょう。車軸やステアリング部品に損傷が見られる場合、またはブレーキ液が漏れている場合は、それ以上の運転は諦めてください。

2. 車で通過する前に、まず歩いてみる。

行く先に溝、障害物、崖などがないか確認しておきましょう。

3. 徐行で進む。

アクセルペダルとブレーキペダルは優しく踏み、ハンドル操作も慎重に行ってください。時速8キロ以下で、でこぼこ道に注意しながら走行してください。オフロードを走行するうえでの格言「徐行こそ最高速度である」を、胸に刻みましょう。

4. 前方の注意を怠らない。

どの方向に向かって車を走らせるのか、または停止するべきタイミングを見定めてください。山の斜面では、乾いた舗装道路の10〜20倍の制動距離が必要です。制動距離とは、ブレーキをかけてから車が完全に停止するまでの距離のことです。

5. スイッチバックを探す。

急勾配の山道には、複数のスイッチバック、または急カーブが設けられているはずです。これは、人体が感じる高度の変化を緩やかにするためのものです。スイッチバックも急カーブも長い蛇行道路ですので、もしも前方に山腹を走る道路の一端が見えた場合は、次のチャンスで道路に戻ってください。しかし山道の切り通しは急斜面になっていることが多いので、注意してください。

［プロの助言］

▶ 一般的な乗用車は、勾配が30度以上になると横転します。

▶ エアバッグが作動すると、エンジンへの燃料供給がストップします。それ以上の運転は不可能になるので、諦めてください。

もしも車が
横転してしまったら

1. ペダルから足を下ろす。

車が横転したら、ブレーキペダルやアクセルペダルから足を離してください。両足を座席の下に入れることで、床に押しつけられて足首の骨が折れるのを防ぎます。

2. ハンドルから手を離す。

車体が地面にたたきつけられるときにハンドルを握っていると、衝突の衝撃が体に伝わってしまいます。車が横転しているときにハンドルを握っていても、できることなど何もありませんよ。

3. 胸の前で腕をクロスさせる。

窓は地面にたたきつけられますので、腕や手を近づけないでください。

4. 足で踏んばる。

車が逆さまになったら、両足で踏んばれる場所を探してください。フロントガラス、運転席側の窓、天井などが理想的です。

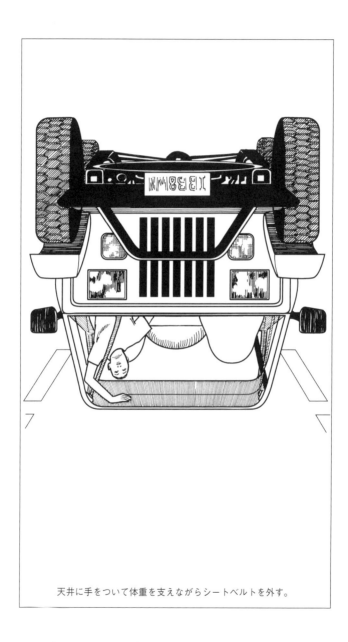

天井に手をついて体重を支えながらシートベルトを外す。

5. 60まで数える。

車の動きが確実に止まったと言いきれるまで、シートベルトに身を預けて動かないでください。もしも複数台で事故に遭った場合は、他の車両も動いていないことを確認しましょう。もし止まっていなかったら、車道を横滑りしながら突進してくるかもしれません。

6. ケガがないか確かめる。

片手でシートベルトにつかまりながら、逆の手で体を触ってケガをしていないか確認してください。指で髪をとかすようにして、頭皮に傷がないか確かめましょう。負傷している場合は、その場を動かないこと。

7. 無傷の場合は、手で体を支えて安定させる。

上下が逆さまになった車内では、シートベルトのおかげで座席にぶら下がっている状況です。ゆっくり下ろした手を、車の天井部分にしっかりつけてください。

8. シートベルトを外す。

手足でしっかり体重を支えたら、そのままシートベルトを外して車の天井部分にゆっくりと落下してください。

9. 車から離れる。

頑丈な鋼鉄製の車体と、屋根などに用いられる金属のロールバーのおかげで、ドアが破損を免れている場合もあります。ドアが開かない場合は、窓から這い出てください。窓が割れずに残っているときは、窓を開けて脱出してください。窓を開けられない場合は、ハンドルロックなどの金属で窓ガラスを割ってください。

10. 逃げる。

　燃料漏れを起こしていると爆発する危険がありますので、早急に車から離れてください。

［プロの助言］

▶ 車が横転する原因で最も多いのは、運転手が制御を失って車体が横滑りしたときに縁石やガードレールなどにぶつかってしまうことです。次に多い原因が、猛スピードでカーブを曲がろうとする無謀な運転です。

▶ 交通事故のうち、車が横転する割合は全体の3％にすぎませんが、命にかかわるような深刻な交通事故では、全体の4分の1を占めています。単独で引き起こされた横転事故のうち、半数の被害者が命を落としています。

▶ 多くの横転事故では、被害者は事故後にケガを負っています。シートベルトを外して落下したときに負傷する場合が最も多いのです。

▶ 乗用車よりもピックアップトラック（後部に荷台がある車）のほうが、横転事故を起こしやすい傾向にあるようです。また特に危険なのが、トラックと同等の車高（一般的に約20センチ以上）であるSUVタイプの車です。SUVタイプの車は、荷台が広く、車高が高くて雪道にも強いです。そのため、さまざまな用途で乗ることができる人気の車です。

▶ 常にシートベルトを着用すること。

もしも四輪すべてが
パンクしたら

１．ハンドルをしっかり握る。

徐々にコントロールを失っていきますので、まっすぐ走行することに神経を注いでください。激しく揺さぶられますが、それでもハンドルをしっかり握っておきましょう。

２．ハザードランプを点灯する。

後続車に危険を知らせます。

３．ブレーキを踏む。

一定の強さで、軽くブレーキペダルを踏んで減速してください。パンクしたあとでも、数分は多少のトレッド（タイヤと地面が設置する部分のゴム層のこと）が残っているはずです。とはいえ、地面と接している部分は著しく損傷し、回転するごとにタイヤの破片が吹き飛んで縮んでいきます。地面と接している部分が少なくなるほど摩擦力が小さくなるため、ブレーキの利きが悪くなり、減速しにくくなります。さらにコントロールを失い、スピンする危険性も増します。車体やハンドルが激しく揺れて、制御するのが困難に感じるでしょう。

4. 安全に停車できる場所を目指す。

進行方向を確認してください。比較的開けていて、平らな場所を路肩に探してください。中央車線や内側車線を走行中の場合は、ウインカーを出して外側車線へ移動しましょう。ハンドル操作は慎重に行い、急な車線変更は避けること。安全に停車できる場所が見つからない、またはたどりつけない場合は、下記「そのまま走行し続ける方法」を参照してください。

5. 停車位置まで走る。

車列から抜けて無事に停車位置に着いたら、車を停めてください。

そのまま走行し続ける方法

1. 直進する。

橋や一本道を走行中で、安全に停車できる場所がない場合は、可能な限り直進し続けてください。パンクしたタイヤで走行し続けるということは、やがてホイールのみで走行することになり、これは氷上を走行するのと非常に似ています。ブレーキは利きにくく、曲がろうとすればスピンしてしまうでしょう。

2. アクセルは慎重に。

タイヤと地面のあいだに生じる摩擦力が弱まり、タイヤが道路上で空回りするので、急な加速ができなくなります。アクセルペダルは慎重に、優しく踏んでください。直線道路、または非常に緩やかなカーブ以外での加速は厳禁です。ほとんどの前輪駆動車にはオープンデフと呼ばれる装置が

意地でも車道を走行し続ける。

備えつけられており、最も抵抗の少ない車輪が動力を得る
ようになっています。そのためタイヤがパンクすると、摩
擦力の弱まったタイヤがスピンを誘導し、車体が左右に大
きく揺さぶられます。

3. 舗装道路から外れない。

車道を外れてしまうのだけは、何が何でも避けてください。
ゴムを失ったホイールは、柔らかい地面に簡単に食いこん
でしまうため、車体がひっくり返ってしまいます。

4. 最後のゴムが、ホイールから外れて飛んでいく音を 聞き逃さない。

タイヤのゴムが外れると、パタンパタンという大きな音が 聞こえて車体が激しく揺さぶられます。トレッドが中心か ら外れて地面との接地面が大きく変わるため、車の制御が かなり困難になります。2～3キロ走ると、最後のゴムが ホイールから完全に外れて音も聞こえなくなるはずです。 細かく引き裂かれたタイヤの残骸が車輪格納部に巻きこま れなければ、ホイールのみになったほうが揺れ方も落ち着 き、コントロールもしやすくなります。しかし地面との接 地面が非常に小さくなるため（ホイール1つにつき、鉛筆 2本分の幅）、摩擦力も極めて弱くなります。さらに、火 花を散らしながらの走行になります。

5. できるだけ早く停車する。

そのうちホイールが削れて平らになるか、ひび割れてしま い、車体の後部を引きずって走ることになります。大きな 摩擦がかかるので、やがて走行不可能になり停止します。 アルミニウム製やマグネシウム製のホイールは軽くて壊れ やすく、強い力が加わると曲がったり折れたりするので、 スチール製のホイールのほうが長く走行できます。

［プロの助言］

▶ ランフラットタイヤ（パンクしても走行可能なタイヤのこと）は、サイドウォー ルが強化されているため、パンクしても車体の重量を支えて走り続けることが できます。しかし、アクセルを強く踏みすぎたり、釘などを踏んでしまったり した場合は、ゴム部分が裂けてサイドウォールとトレッドが分離してしまい、 最後にはホイールから外れてしまいます。

もしも運転席の日よけを
即興で自作することになったら

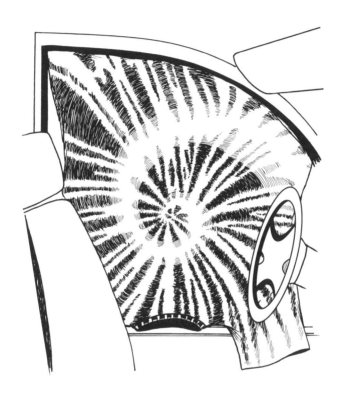

まず、1センチほど窓を開けます。ジャケット、シャツ、または
はブラウスを脱ぎます。窓全体を覆うように服を差しこんだら、
窓を閉めて固定してください。これできつい日差しを遮れるは
ずです。車線変更などをする場合は、布を持ち上げて視界を確
保すること。

トランクには
緊急時に使えるものを入れておく

- 地元の地図、地図帳、またはGPS
- 手回し式または電池式のラジオと電池
- 大きな懐中電灯と電池
- マッチ、ライター
- 自動車用工具を一式
- 救急箱
- 緊急照明弾
- スペアタイヤ
- ジャッキ
- ブースターケーブル
- 3日分の保存食
- 乗車する大人1人につき約6リットルの水
- ダクトテープ
- 催涙スプレーと防災用ホイッスル
- 折りたたみスコップ
- アイススクレーパー、岩塩(寒冷地の場合)
- 断熱材入りの寝袋
- ツーバイフォーの木材を2つ
- レインコートと長靴
- 免許証と車検証
- 携帯電話の充電器
- ロードサービスの電話番号
- 賄賂用の現金

もしも渋滞中に
おしっこを
我慢できなくなったら

1. 座席を覆う。

背中を丸めてお尻を浮かせたら、ペーパータオルや新聞などで座席を完全に覆い尽くしてください。

2. 何らかの容器を探す。

車内を見渡して、蓋のない容器、または蓋を開けられる容器を探してください。マグカップ、紙コップ、水筒などがいいでしょう。または、ポケットナイフやハサミを使ってペットボトルの開口部を大きくするのも有効です。ガラス瓶や空き缶など、開口部が小さい容器の使用はやめておきましょう。

3. 容器を空にする。

窓から容器の中身を捨ててください。隣りの車や通行人、自分の車に中身がかからないように気をつけてください。

4. ズボンを下ろす。

片手はハンドルを握ったまま、逆の手でズボンのボタンを

開けたりチャックを下げたりして下半身を露出してください。

5. 先ほどの容器を足のあいだに設置する。

容器の開口部の角度が45度になるように調整します。

6. 容器の開口部を探り当てる。

セーターや地図を置いて、大事な部分を隠してください。

まっすぐ前を見て、何食わぬ顔をし続ける。

7. 用を足す。

排尿中も、しっかり前を見つめて何食わぬ顔をし続けてください。同乗者がいる場合は、ラジオの音量を上げて排尿音をかき消しましょう。

8. ズボンを戻す。

容器をカップホルダーに置き、下ろしていたズボンをはき直してください。

9. 容器の中身を捨てる。

窓から容器の中身を捨ててください。隣りの車や通行人、自分の車に中身がかからないように気をつけてください。

[プロの助言]

▶ 長時間に渡って尿意を我慢し続けると尿路感染症になる恐れがあります。さらに膀胱が肥大し、頻尿に悩まされる未来が待っているかもしれません。

もしもアイスロードでブローアウトになったら

1. 片手をドアに乗せて走行する。

アイスロードとは、寒冷地で凍結した水面の上に作られた冬季限定の道路のことです。氷の下で水が波打ち、氷の表面に亀裂が入る現象を"ブローアウト"といいます。ブローアウトを見抜く最初のサインは、氷の表面に染み出る黒い水です。もしも黒い水が確認できたら、片手はハンドルを握ったまま、逆の手をドアの取っ手にかけてください。

2. 加速する。

本能的にブレーキを踏みたくなりますが、堪えてください。横滑りの原因になったり、1箇所に重さが集中することでブローアウトが悪化したりします。加速して氷の割れ目から早急に離れることが大切です。

3. 飛び降りる。

前輪部分が氷を突き破り始めたら、ドアを開けて飛び降りてください。

4. 転がる。

飛び降りたら、できるだけ速く、そして沈みゆく車からで

氷を突き破り始めたら、ドアを開けて飛び降りる。

きるだけ遠くへ逃げるように転がってください。

5．その場で待機する。

　吹雪の中を歩きまわって助けを求めても、すぐに方向感覚を失ってしまうだけです。仲間が見つけてくれるのを待ちましょう。

ブローアウトを避ける方法

1. 低速で走行する。

時速25キロ以下で走行し、ブローアウトの原因になる波を起こさないようにしましょう。

2. 停まらない。

1箇所に車の熱と重量が集中するとひび割れの原因になるので、停まらずに走行し続けてください。

3. 他の車両の位置を把握しておく。

アイスロードでは、必ず複数台で走行してください。無線と目視で仲間の位置を確認して衝突事故を防ぎましょう。事故が起きると、氷に大きな亀裂が入る恐れがあります。

[プロの助言]

▶ カナダのノースウエスト準州の凍った湖を横断するアイスロードは、ダイヤモンド鉱山に通じており、氷が分厚い冬季にのみ通行が許されます。

▶ 氷の厚さが100センチ以上にならないと、70トンを超えるトラックの重さには耐えられません。氷が100センチ以上の厚さになるのは、通常だと2月中旬頃です。

▶ 海面や湖面と陸地の境界線にできた氷が、最も割れやすいです。

▶ 車の下から聞こえる氷が割れる音に警戒する必要はありません。氷の層は、どんどん割れて頑丈になっていくのです。逆に氷が割れる音が聞こえない場合は、厚さが不十分な可能性があります。

スポーツや遊び

もしもスキーで 30メートルのジャンプを キメたくなったら

1. 着地点に危険がないか確認する。

崖から飛びたつ前に、下に危険がないかしっかり確認しましょう。予想される進路の先に岩や木、または別の崖などがあったら、飛びたつ角度を調整して左右に逸れてください。より安全で、障害物のないエリアを目指してジャンプしましょう。

2. 高く飛び上がって地面から離れる。

地面から飛びたつ直前、高く飛び上がって少しだけ前傾姿勢になってください。そうすることで、足下に隠れていた石などの障害物によってバランスが崩れてしまうのを防げます。

3. 膝を曲げて、足を体に引き寄せておく。

体をボールのように丸くすることで浮遊中のバランスを保ち、さらに安全に着地できます。

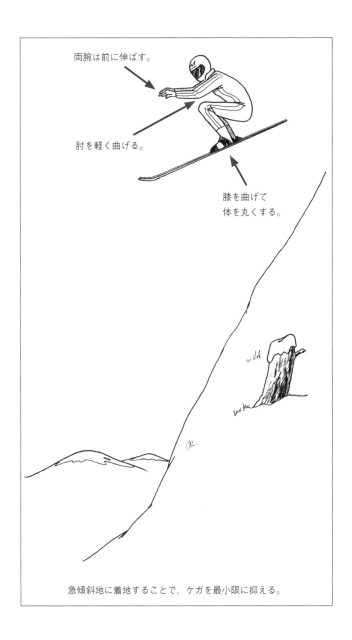

両腕は前に伸ばす。

肘を軽く曲げる。

膝を曲げて
体を丸くする。

急傾斜地に着地することで、ケガを最小限に抑える。

4. 肘を軽く曲げて、両腕を前に伸ばす。

頭より高く腕を上げてしまうと、着地の際にバランスを崩すので注意してください。

5. 下ではなく、遠くを見る。

下を見ると体が"くの字"に折れ曲がり、着地時に顔から転倒する危険が増します。視線は、遠くの山に向けておくこと。

6. 適切な着地点を選ぶ。

急傾斜地を選んで着地してください。傾斜の緩い場所は避けてください。平地など、もっての外です。パウダースノーが30センチ程度積もっていれば、重傷を負うことはないでしょう。

7. 着地時には膝を曲げる。

斜面が近づいてきても、足は曲げたままにしておきましょう。着地時の衝撃をやわらげてくれます。体が後ろに反ってしまうと、お尻から着地して腰や背中を痛めてしまうので注意してください。着地点から滑り出せない場合は、その場に尻餅をついてください。前かがみになると顔から転倒してしまう恐れがあります。

8. 膝を軽く曲げたまま両足のあいだを広げて、斜面を横切るように滑って減速する。

浮遊中は相当のスピードが出ているので、着地後はすぐにカーブを描いて減速する必要があります。そのまま猛スピードで斜面を下っていくと、すぐにコントロールを失ってしまいます。最新のスキー板であれば、深いパウダースノー

の上でも沈まずに立っていられるので、カーブを描くために体勢を整える余裕があるはずです。

９. 何度もカーブを描きながら、安全な速度まで減速する。

［プロの助言］

▶ 浮遊中に背中から落下し始めた場合は、両腕を伸ばして前から後ろに大きな円を描いてください。

▶ ４メートル以上のジャンプをキメる場合は、前の人と同じ着地点を選ぶのは避けてください。すでに雪が押しかためられているため、衝撃をやわらげるほどの十分なクッション性がない可能性が高いです。

もしも
バンジージャンプ中に
不幸な事故に
見舞われたら

バンジージャンプのゴムは、ビヨーンと伸びきって地上に
最接近した地点で、最も強い負荷がかかっています。つま
り、ゴムが縮んで体が引き上げられる直前です。不幸にも
ゴムが切れてしまうのは、ほとんどの場合がこの瞬間です。
ゴムが切れたりほどけたりしてしまった場合、頭から落下
することになり、衝撃に備えるまで2秒ほどの猶予しかあ
りません。次に紹介する手順は、下が水場であることを想
定しています。

1. 体と足をまっすぐ伸ばす。

足をそろえて、爪先までまっすぐ伸ばしてください。

2. 顎を胸にグッと引き寄せる。

落下地点で待ち受ける水を見たくなる本能に、全力で逆らっ
てください。目の周辺を強打したり、むち打ちになったり、
脊椎外傷を負う可能性があります。

握り拳から水に突入する。

３．頭の先に両腕を伸ばして、飛びこみのポーズを取る。

手は握り拳にしてください。

４．握り拳から入水する。

握り拳で水面の表面張力を壊し、頭部への衝撃を緩和させます。体が引き上げられてからゴムが切れた場合は、速度が弱まっているので、空中で体が一瞬停止するような形になり、比較的安全に水に突入できます。最初からゴムが飛びこみ地点に固定されていない場合や、落下中に切れてしまった場合は、落ちたときに相当の衝撃を受けるので覚悟を決めてください。

５．腕と足を広げる。

水底に激突するのを避けるため、水中に入ったら腕と足を大きく広げて、沈んでいく勢いを緩めてください。

６．水面まで泳ぐ。

飛びこみ台にいるクルーに、無事だと伝えてあげましょう。

[プロの助言]

▶ ゴムを結ぼうとしたり、ゴムにつかまったりしないこと。体重を支えられるほど強く結ぶ時間はありませんし、ゴムにつかまり続けるのも不可能です。

▶ バンジージャンプ中の不幸な事故の最も多い原因は、不適切なゴムの結び方によるものです。飛び降りる前に、ゴムがしっかり結ばれているか（通常はカラビナでつなげられているはずです）、ダブルチェックをしてください。また、ゴムの先がきちんと飛びこみ台とつながっているかも確認しておきましょう。

▶ バンジージャンプのゴムは、挑戦者の体重に合わせて細かく調整されています。体重を軽く申告するのは、絶対にやめてください。

もしもレースカーが スピンしたら

時速300キロ以上でトラック内を走行しているレースカーがスピンするときは、そのほとんどが後輪のスリップ、通称"オーバーステア"と呼ばれるものです。オーバーステアに陥ったら、次の手順を試してください。

1. スピンしている方向にハンドルを切る。

後輪がどっちの方向に滑っているかを見極め、同じ方向にハンドルを切ってください。たとえば、後輪が右にスリップしていたら、ハンドルも右に切ります。ただし、急ハンドルを切らないように注意すること。乱暴にハンドル操作をすると、余計に手に負えなくなってしまいます。レースカーによって装置の作りは異なりますが、市販車のボディを用いたレースカー（ストックカー）であれば、パワーステアリング機能が備わっています。

2. 安定したスロットル操作を心がける。

オーバーステアは、後輪と地面の摩擦が弱まることが原因で生じる現象です。多くのレースカーは後輪駆動であり、アクセルペダルを踏んで加速させることで車両の重さが後輪にかかり、摩擦力を強めているのです（普段の運転でも、急加速をすると体が座席に押しつけられますよね。これを

スピンしている方向にハンドルを切る。

"重量転移" と呼びます)。

3. ブレーキはかけない。

ブレーキペダルを踏むと前輪に重量転移するので、さらに
激しくスピンします。

4. 走る方向へ意識を集中させる。

スピンしているときから（もちろん止まってからも）、自
分が正しい進行方向を向いているかを意識しておきましょ

う。周囲の車を確認して、今どこに向かっているかではな
く、自分が進みたい方向に集中してください。

５．ハンドルを戻す。

後輪のスピンが落ち着いたら、ハンドルを元の位置に戻し
てください。スピンと逆方向にハンドルをまわしまくって
回転を止めようとしないこと。うまく操作できない状態が
続くようであれば、次の手順を試してください。

６．ブレーキをかける。

スピンが止まらず、衝突が避けられない状況になったら、
ブレーキをかけてスピンの速度を落としてください。

７．衝撃に備える。

ストックカーには、あらゆる安全装置が備わっています。
レーシングハーネス（５箇所で体を固定する、レース用の
シートベルトのこと）、衝撃吸収ハンドルなど。さらに搭
乗者は頭部と首を保護するための防具も着用しているはず
です。壁や別の車両との衝突は避けられないと察したら、
体の力を抜いて、安全装置に身を委ねましょう。ハンドル
を握る力を緩める、または完全に手を放してもいいです。
膝を軽く曲げて、首から力を抜いておくこと。

８．脱出する。

レース時に着用する耐火性スーツが、数分間は炎と熱から
身を守ってくれるはずですが、車体が炎に包まれたら、す
ぐに脱出してください（窓から逃げることになるかもしれ
ません）。脱出する際は、必ず車が停止してからにしてく
ださい。自力での脱出が困難な場合は、救助が到着するの
を待ちましょう。

［プロの助言］

▶ スピン中に低速ギアに切り替えないでください。後輪にロックがかかる原因となります。低速ギアに切り替えるのは、車が直進している場合のみです。

▶ ストックカーにエアバッグは装備されていません。

▶ ストックカーには、撚りあわせて袋編みにしたステンレス製の燃料経路があり、衝突後に燃料が漏れるのを防ぐ役割を果たします。

▶ ストックカーの燃料タンクには発泡体が詰められたゴム製の袋が入っており、衝突時の衝撃を吸収して、爆発する危険を軽減する役割を果たしています。

▶ 一般的なレーシングタイヤ（または"レーシング・スリックタイヤ"）には溝がありません。溝が少ないほど道路と接するゴムの量が増えるので、グリップが強くなります。トラックを何周も走っていると（タイヤとトラックの状態にもよるので、"何周目から"と断定はできません）、タイヤが熱くなりすぎて傷んでしまうことがあります。その場合は直ちにタイヤを交換してください。

▶ レース中のコックピット内の温度は、50℃を超えることもあります。事故で横転したときに車内の人を保護するために取りつけられている鋼鉄製のロールケージ（補強用のフレーム）は、さらに高温になっている場合があります。

もしもバイクが
スピンしたら

1. バイクから降りない。

最後の最後まで、諦めずに操縦を試みてください。転倒し
てしまいそうだと感じても、一瞬でタイヤが路面をつかみ、
体勢を整えられる場合があります。どうしてもスピンが避
けられない状況であれば、バイクを横に倒した状態から転
倒する"ローサイド転倒"を狙ってください。バイクがス
ライドするのと同じ方向に体を投げ出してください。ただ
し、必ずバイクより後方にいること。

2. 両方のブレーキをかける。

タイヤのグリップが弱まっていると感じたら、右手のブレー
キレバーを握って前輪にブレーキをかけてください。同時
に右足のブレーキペダルを踏み、後輪にもブレーキをかけ
ます。こうすることで両方のタイヤにロックがかかり、横
滑りしていくはずです。突如としてタイヤがグリップを取
り戻して車体が勢いよく起き上がる"ハイサイド"によっ
て、振り落とされる危険性が軽減します。

3. 背中でスライドする。

地面でスライドするときは、必ず背中を下にしてください。
ヘルメットを少しだけずらして、前方に障害物などがない

か確認してください。手足を少し開いて、体重が1箇所に集中しないようにしましょう。体重を分散しないと、でんぐり返しのように頭から地面に突っこんでしまう危険があります。

4. 止まっても、すぐに動こうとしない。

完全に停止するまで、立ち上がろうとしないでください。前のめりに転倒してしまいます。

5. ゆっくり立ち上がる。

ケガをしていないか、よく確認してください。フルレザーのウェアの上下、プロテクター、グローブ、ヘルメットをしっかり着用していれば、軽症で済むでしょう。

6. バイクを確認する。

スピン後に爆発する可能性は非常に低いので、近づいてバイクが受けたダメージの状態を確かめても危険はありません。

[プロの助言]

▶ バイクがスライドし始めたときに、"ハイサイド"という転倒につながることがあります。バイクがグリップを取り戻して、倒れかけていたのとは逆方向に運転手を吹き飛ばす現象ですが、ハイサイド転倒は、ローサイド転倒よりもずっと危険です。

▶ アンチロックブレーキが搭載されているバイクは少ないです。そのため、前輪と後輪の両方のブレーキをかけることでタイヤをロックして、ローサイド転倒を誘発するのが効果的です。

▶ バイクはステアリングやブレーキ操作に非常に敏感です。スピンを防ぐには、すばやく、滑らかで、穏やかな操作を心がけ、急な操作は避けましょう。

もしも
ストリートリュージュを
やらなきゃならなく
なったら

1. スレッド(車輪のついたそり)から落ちない。

衝撃はスレッドが吸収してくれるので(たとえ壊れていて
も)、何が何でもスレッドから落ちないこと。坂道を下っ
ている最中に何かにつかまろうとして手を伸ばしたり、ス
ピードを緩めようとして地面に足をつけたりしないでくだ
さい。大ケガにつながる恐れがあります。両足をスレッド
に乗せ、両手でハンドル、またはスレッド本体にしっかり
つかまってください。背中はまっすぐ伸ばしておきます。
仮に何かと衝突しても、この姿勢は崩さないこと。ヘルメッ
ト、フルレザーのウェアの上下、プロテクターが擦り傷や
その他の負傷を軽減してくれるはずです。

2. スレッドから落ちてしまったら、足を進行方向に向け
て背中で滑り落ちる。

絶対に転がらないでください。膝や肘を負傷するだけです。

スレッドから落ちないようにがんばる。

グローブの摩擦を利用して進行方向を調整する。

3. 両手で速度を緩める。

体に対して45度の角度に腕を広げます。グローブをつけた手のひらを下にして道路に当てます。グローブの摩擦を利用しながら減速して、進行方向を調整してください。右手で強く地面に触れれば右方向に進み、左手で強く地面に触れれば左方向に進みます。最低でも時速60キロ程度まで減速してください。または、障害物などに激突して止まるまで続けてください。

4. 激突の衝撃を吸収する。

障害物への激突が避けられない状況になったら、膝を軽く曲げて、足から障害物に突っこんで衝撃を吸収してください。爪先を上に向けて、かかとではなく足の裏全体で障害物を蹴飛ばすようにしましょう。

[プロの助言]

▶ 高速で坂道を下っているときにスレッドから車輪が外れてしまうのが、ストリートリュージュで最も多い設備故障です。

▶ 緩やかなコースを走行していると、自分がどれだけ高速で坂道を下っているかに気づけないものです。ちょっとバランスを崩しただけで、簡単にスレッドから放り出されてしまうでしょう。

▶ レース用のスレッドに、ブレーキは装備されていません。

▶ 背中、肘、膝にはプロテクターをつけておきましょう。大ケガを負うリスクを軽減できます。

もしも自転車で走行中に
車のドアにぶつかりそうになったら

衝突の瞬間に、体重を後方にかけてください。立ちこぎの状態になって、後輪にのみブレーキをかけます。衝撃を分散させるため、体の側面から車のドアにぶつかっていきましょう。

もしもホッケーのパックを顔面に食らった人がいたら

1. 負傷者を仰向けに寝かせる。

仰向けに寝かせることで、眼球内の液体が漏れ出すのを防ぎます。

2. 頭を少し高くする。

折りたたんだ上着やタオルなどを頭の下に置き、心臓よりも、頭がやや高い位置にくるようにしてください。頭部や眼球に内部からかかる圧力を軽減させるためです。

3. 患部を冷やす。

ビニールの保存袋などに、氷を入れてください。ただし、氷入りの保存袋を直接皮膚につけないこと。必ず布やビニールを重ねたもので覆い、皮膚組織が凍りつかないようにして、目のまわりに優しく当てます。強い力で押しつけたり、体重をかけたりしないように注意してください。

4. 鎮痛剤を使用する。

負傷者に意識がある場合は、市販の鎮痛剤を飲ませてください。ただし、アスピリンは飲ませないこと。出血多量の原因となることがあり、眼球の治療を受ける際にリスクが

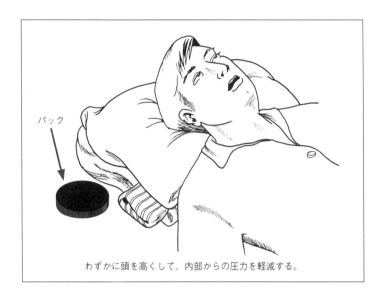

パック

わずかに頭を高くして、内部からの圧力を軽減する。

増す恐れがあります。

5. 119番通報して、救急車を呼ぶ。

通信指令員に、「眼科と耳鼻咽頭科の医師がいる病院に搬送してほしい」と伝えましょう。

[プロの助言]

▶ ホッケーのパックが顔面にぶつかると、眼窩の骨が折れたり、眼球が破裂したりする場合もあります。こうした場合は、早急に医師に診せてください。

▶ 市販の鎮痛剤だとしても、必ず医薬品に対するアレルギーがないかを確認してから与えるようにしましょう。

もしもカヤックが
転覆したら

1. 前かがみになる。

カヤックが転覆すると、体が完全に水中に沈んでしまうの
で呼吸ができません。だからといって、水中でジタバタ暴
れないこと。肺の空気をすべて失い、状況が悪化するだけ
です。カヤックが転覆したら、腰を曲げて前かがみになり、
3秒数えて平静を取り戻しましょう。そのあいだに、大波
の中でもカヤックが自然と安定するはずです。オールから
手を離さず、しっかり握っておきましょう。

2. カヤックの左側に体を傾ける。

前かがみになったまま、バランスを取りましょう。

3. オールをカヤックと平行にする。

オールを両手でしっかり握ってください。

4. オールの先をカヤックから離す。

カヤックの船首に近い右手で、オールがカヤックと交差す
るように移動させます。このとき、オールの片方が水中か
ら出ないように注意してください。

カヤックと交差するようにオールを持ち、
上半身を水面ギリギリまで上げる。

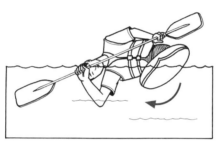

腰をひねって、体が右手側に傾くようにする。

カヤックが自然と上を向くので、上半身を引き上げて体勢を整える。

5．頭を上げる。

上半身を上げて、顔が水面ギリギリまでくるようにしてください。顔を水面から出したくなると思いますが、グッと堪えてください。

6．カヤックをひっくり返すように腰をまわす。

オールをカヤックと交差するように動かしながら、すばやく腰をひねります。こうすることで、左側に持ち上げていた上半身が、今度は右手側に傾くような姿勢になります。さらに、カヤックが体の重心の真下にくるはずです。オールが水中で摩擦を生んでくれるので、腰をひねることでカヤックが転覆状態から上を向きます。上半身は、自然と水面近くまで浮上します。

7．カヤックを安定させる。

そのまま腹筋に力を入れて、頭をカヤックの近くまで持ち上げます。カヤックが正しい位置に戻ったら、上半身を引き上げて顔を水面から出します。あとはカヤックの上に座って、バランスを取ってください。

[プロの助言]

▶ 水流の激しい場所では、カヤックは簡単に転覆してしまいます。カヤックの腕前に不安のある人や、流れの速い水場に慣れていない人は、穏やかな水場で練習を行い、準備万端になってから激流に立ち向かいましょう。

▶ 波立った水場では、鼻に水が入らないように鼻栓をしておきましょう。

水中での生存可能時間

水は、外気の約25倍も効率的に熱を奪います。体が水に濡れていると低体温症になりやすいのは、そのためです。たとえ冷水でなくても、危険なレベルまで人間の体温を奪ってしまうのが水の恐ろしいところです。

水温	身体機能の低下まで	極度の疲労／意識消失まで	生存可能時間
0.5℃	2分以下	15分以下	15〜45分
0.5〜4℃	3分以下	15〜30分	15〜90分
4〜10℃	5分以下	30〜60分	30〜180分
10〜15℃	10〜15分	1〜2時間	1〜6時間
15〜20℃	30〜40分	2〜7時間	2〜40時間
20〜25℃	1〜2時間	2〜12時間	3時間以上
25℃以上	2〜12時間	ほぼ心配なし	計測不能

もしも釣り針が指に突き刺さったら

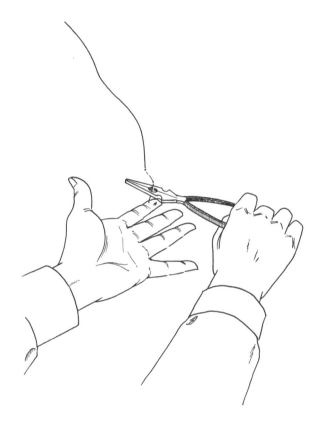

釣り糸につながる部分を、ペンチで切断します。釣り針の返しになっている部分をつまんで、指から引き抜いてください。傷口は消毒して、絆創膏を貼っておきましょう。

もしも仲間が
ボートから海に落ちたら

1. ボートを停める。

仲間が水に落ちたら、即座にボートを漕ぐのをやめてください。

2. 位置を調整する。

落下した仲間との距離が、オール1本分になるまで接近してください。

3. 救助を開始する。

落ちた仲間に最も近い者が、ボートからオールを差し出してください。勢い余って、オールで殴ってしまわないようにすること。
負傷していてオールをつかめない状態であれば、ボートに乗りながら救出するのは難しいです。その場合は、手順7へ。

4. 落ちた仲間を引き寄せる。

漕ぐのをやめる。

5．ボートの横側までオールごと引っぱる。

間違ってもボートに引き上げようとしたり（または自力で
よじ登らせようとしたり）しないこと。ボートが転覆する
恐れがあります。

6．岸まで移動する。

7．水に飛びこむ。

もしもオールをつかめなければ、ボート上にいる仲間（ま
たは陸地に残っていた仲間）が水中に飛びこんでください。

8. 落水した仲間の背後から接近する。

9. 救助を開始する。

背後から近づいたら、利き腕を水に落ちた仲間の脇の下に
差しこんでください。そのまま胸を抱きかかえるようにし
て逆側の脇の下まで腕を伸ばします。

10. 安全な場所まで運ぶ。

平泳ぎ、または横泳ぎで移動します。乗っていたボートか
後続のボート、あるいは岸まで運んであげましょう。

もしも海上で台風に見舞われたら

1. 船の速度を落とす。

2. 現在地を正確に把握する。

海図に現在地をマークしておくと同時に、台風の現在地、風向きと風速、そして目的地への到着予定時刻を記入しておきましょう。

3. 航路を変更する。

現在地から一番近い汀線（海面や湖面と陸地の境界線のこと）を目指してください。

4. すべての船員に、直ちに救命胴衣を着用するよう指示する。

もちろん、あなた自身も救命胴衣を着用してください。

5. 船員それぞれに細かい指示を出す。

危険水域を観察する船員、別の船舶が接近していないか見張る船員が必要です。その他の船員は、船底に溜まる汚水を汲み上げて船外に排出するビルジポンプを用意しましょう。

デッキ下まで運べないものは、しっかり縛りつけておく。

6. ハッチ、荷物の搬出入口、窓を閉める。

7. 風に飛ばされそうなものは片づける。

デッキ下にでもしまっておきましょう。デッキ下まで運べないものは、しっかり船に縛りつけておくこと。

8. 帆を下げるか、頑丈な帆に変える。

9. 救命ボートの用意をする。

非常食、飲用水、救急箱を忘れないこと。

10. 電気製品のコンセントを抜く。

ブレーカーを落とし、アンテナ線も外してください。船に乗っている全員に、金属製のものには触れないように伝えておきましょう。

11. 風が吹いていくのと逆方向に船首を向ける。

40〜45度の角度で、波に突っこんでいきます。

12. 乗客がいる場合は、船の真ん中に集めて身をかがませておく。

命綱を引っかけるためのジャックラインを船に張り、デッキで作業する全員に命綱と安全ベルトを装着させてください。

[プロの助言]

▶ 雲を観察すれば、天候を予測できます。低いところに広がっている暗い雲の層や、綿菓子をちぎったようなフワフワした形の積雲が発達して大きくなり始めたら、

嵐が接近している可能性があります。

▶ 航路の先に悪天候が待ち受けていると判明したら、他の船舶に状況を知らせると同時に、沿岸警備隊にも連絡してください。現在地と今後の計画を伝えましょう。

▶ 国際VHF（船舶共通通信システム）には、3つの遭難信号（緊急用符号語）があります。

メーデー：命を脅かすほど深刻な危険が目の前に迫っている場合に使用（火災、乗員や船員の落水など）。

パン－パン：救助を求める場合に使用（メーデーより緊急性が低い場合）。

セキュリテ：運航に危険が生じた場合に使用。

もしも激怒している ゴルファーに出くわしたら

1. 危険度レベルを探る。

怒りに任せて、または酔っ払って、ゴルフクラブを振りまわしたり、過度に敵意を剥き出しにしていたりなどの行動が見られる場合は、早急に対処しましょう。秩序と安全を取り戻さねばなりません。

2. 話しかけて落ち着かせる。

冷静に、落ち着いた声で話しかけましょう。決して声を荒げないこと。唐突なジェスチャーや不意な動作は避けてください。ゴルフは楽しむためのものだと、思い出してもらいましょう。「深呼吸をしてごらん」などと伝えてみてもいいでしょう。

3. 「殴るぞ！」と脅してきたら、打撃が及ぶ範囲の中心に移動する。

相手が殴ろうとして手を振りかざしたら、打撃が及ぶであろう範囲の中心に躍り出てください。下手に逃げようとして離れないこと。ゴルフクラブの先端で殴られるほうが、ケガするリスクが高まります。

このへんをつかむ。

暴れるゴルファーが振り上げた
ゴルフクラブをつかむ。

ゴルフクラブを脇の下に挟み、
体をひねるようにして奪い取る。

4. ゴルフクラブをつかむ。

振りかざした手が頂点に達した瞬間、または手を振り下ろそうとした瞬間に、1歩踏み出します。そして片手、または両手でゴルフクラブのグリップ近くをしっかり握ってください。相手から体を離さず、両腕でゴルフクラブを押さえこめるまで引き下ろします。ゴルフクラブのグリップを両手で握りながら、脇の下で柄の部分を挟みこんでください。

5. ゴルフクラブを奪い取る。

ゴルフクラブをしっかり握ったまま、暴れるゴルファーの顔から離れるように体をひねってください。てこの原理が働き、暴れるゴルファーの手からゴルフクラブを奪えるはずです。あとは、手で引っぱって完全に奪い取ってください。

6. すぐさま下がって、さらなる怒りと攻撃に備える。

次の武器を手にしようとゴルフバッグに近づいたら、奪ったゴルフクラブを使って阻止してください。

7. 必要であれば助けを呼ぶ。

別のゴルファーに助けを求めて、この場を丸く収めましょう。

8. 暴れているゴルファーが落ち着くまで声をかけ続ける。

［プロの助言］

▶ 殴り合いになるのを避けるために、できることは何でもしましょう。最初にできることは、イラついているゴルファーにはかかわらず、その場を立ち去ることです。次にできることは、冷静な声で話しかけ続け、理解を示すことです。

もしもゴルフ中に
イライラしたら

1. 壊したいもの、または武器になりそうなものから手を離す。

ゴルフクラブ、ゴルフバッグ、ゴルフボール、スパイクの手入れ用品、ゴルフシューズなど、武器になりそうなものから手を離しましょう。

2. 深呼吸を10回する。

胸ではなく、腹や腹筋が膨らむように息を吸いこんでください。こうすることで酸素が血流に行き渡り、冷静さを取り戻す助けになります。

3. 深呼吸をしながら「たかがゴルフだ、たかがゴルフだ」と繰り返す。

第三者の立場になって見つめ直すことで、暴力的な衝動を抑えられるかもしれません。

4. 不当な扱いをされたと感じるのなら、言葉で伝える。

礼儀正しく、かつ毅然とした態度で相手に伝えましょう。なぜ怒っているのかを、明確に説明してください。今怒っている理由にのみ、言及するようにしましょう。「君は、

いつもそうだ」などと言い出して話を大きくしないこと。

5. 相手を怒らせるようなことは言わない。

相手の価値観を批判したり、人格を否定したり、暗に「非合法なことをするぞ」と脅すのはやめておきましょう。

6. 相手の話に耳を傾けて、広い心を持つ。

どんな状況だろうと、相手にも言い分はあるはずです。話を聞いてあげましょう。これだけで、口論が激化するのを防げるかもしれません。それに、うまくいけば仲直りできる可能性もあります。難しいとは思いますが、第三者の立場に立って問題を見つめ直してみましょう。そうすれば、ケンカをしている相手も、同じように冷静になってくれるかもしれませんよ。

7. ズルをした自分（または相手）を、許してあげる。

8. 笑い飛ばす。

ユーモアで、この状況を解決してみましょう。特にゴルフ中とあれば、笑いが何よりの解決策になるものですよ。

［プロの助言］
▶ どれだけその衝動が抑えきれそうになくても、物に当たるのだけはやめましょう。ゴルフクラブ、ゴルフボール、ゴルフカートに怒りをぶつけても、自分がケガをするか、取り返しもつかないほど破損させてしまうかのどちらかです。怒りを落ち着かせたいなら、ゴルフボールや人形などを力いっぱい握り締めるのが効果的です。いざというときに怒りを発散できるように、人形やぬいぐるみを持参するといいでしょう。

もしもゴルフボールが
水場に落ちたら

1. ボールの下に何があるのか確かめる。

ボールを打つ前に、水場の底が砂なのか岩盤なのかを確かめましょう。何も確かめずに硬い地面を打ちつけてしまうと、手や手首を負傷する恐れがあるばかりか、ゴルフクラブが破損する可能性もあります。

2. 深さを計測する。

水面からボールが出ていればいるほど、打ちやすくなります。水面から出ている部分が1センチ少なくなるごとに、正確なショットが難しくなります。

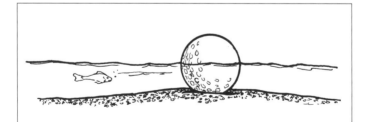

ボールを打つ前に、水場の底が砂なのか岩盤なのか確かめる。
想定外に硬い地面を打ちつけると、手にケガをしたり、
ゴルフクラブが破損したりする恐れがある。

ゴルフクラブのヘッドを軽く右側に傾ける。
ボールの下を狙って振り下ろし、そのまま最後まで振りきる。

3. 靴と靴下を脱ぐ。

土手に立てるだけのスペースがなければ、裸足になって水
に入りましょう。

4. レインコートなどの雨具を着用する。

ボールと一緒に、泥水が跳ね上がります。

5. ゴルフクラブをしっかり握る。

水などの強い抵抗を受けて、ゴルフクラブが動いてしまう
可能性があります。しっかり握っていないと、ヘッド部分
がぐらついてしまいます。

6. ゴルフクラブのヘッドを軽くオープンに構える。

水の抵抗を受けて、自然とクローズになります。

7. ボールの下を狙う。

ボールが砂に埋まったと想定して打ちましょう。ボール1個分くらい後ろから、ボールの下を狙って打ちます。光の屈折は気にしなくて大丈夫です。光の屈折で見え方が変化するほどの深さはないはずです。

8. 振り抜いて、打つ。

思いきり打ってください。ゴルフクラブからの衝撃ではなく、下から押される水の力を使ってボールを外へ押し出します。

[プロの助言]

▶ ペナルティエリアの水場に不用意に入ったり近づいたりするのは、危険です。ヘビやワニなどの野生動物が潜んでいる可能性があります。コース上に海や深い湖があるゴルフ場では、安全を促す看板が設置されているはずです。地元の危険情報や、危険動物の生息地であることを知らせる看板が出ていないか、よく確認してください。

▶ スコアカードの裏を見てください。ボールが水場に落ちてしまった際のローカルルールが明記されているかもしれません。

▶ ペナルティエリア内で、ショットをキメる前にゴルフクラブが水に触れるのはルール違反です。水に触れてしまった場合は、ペナルティとして2ストロークが加算されます。マッチプレーでは、そのホールは負けという判断になります。

もしもクラブやボールが アソコに直撃したら

1. すぐ横になる。

絶対に歩きまわらないこと。さらなる負傷（それから辱め）を避けるために、両手でアソコを覆ってください。両手で覆うのはゴルフクラブやボールが直撃したときの本能的な行動なので、言われなくてもやると思いますけどね。

2. 腫れを防ぐために、患部を冷やす。

氷を入れた袋や布、よく冷えたソーダかビールの缶を使いましょう。腫れを防ぐとともに、痛みも軽減できます。

3. 手に力を入れすぎない。

ぎゅっと握りすぎると、余計に痛みが増します。

4. 痛みが耐えられないほど強く、数分しても引かない場合は負傷具合を確認する。

ズボンと下着を脱いで、異常がないかよく確認してください。

5. 痛みが1時間以上も続く場合や、目立つ青痣などができている場合は病院に行く。

もしもジム依存症に なったら

1. 自分の行動を振り返る。

- 1日に何度も運動(ワークアウト)していませんか？
- 休業日だと知っていながら、ジムに行ったりしていませんか？
- 同じジムの利用者に、従業員だと思われていませんか？
- ジムですごす総時間数を、家族や友人の前では偽ったりしていませんか？
- ジムの備品が、あなた専用マシンと化していませんか？
- ランニングマシンの利用時間を延長しまくっていませんか？
- ジムが休みだと考えるだけで怖くなってきませんか？

2. 問題を抱えており、助けが必要な状態であると素直に認める。

依存症になってしまったのは、あなたの責任ではありません。ですが、あなた自身の力で回復しなくてはなりません。病気を治すことを最優先にしてください。

3. 問題を抱えていることを打ち明ける。

ジム離れに手を貸してもらいましょう。ジムの従業員に打ち明けると逆効果になる場合もあるので注意すること。

依存症だと認める。

4. ジムですごす時間を減らしていく。

禁断症状に襲われるかもしれないので、ジム以外でできる活動を見つけましょう。どんなことでも構いませんが、エクササイズだけは厳禁です。雑誌を読んだり、映画を観たり、または昼寝でもしていてください。

5. 体調に気を配りながら、依存症の再発を防ぐ。

覚悟を決めてください。依存症から抜け出す過程において、再発は珍しいことではありません。もしもまたジムに通い始めてしまったら、素直に助けを求めてください。

6. 助けを求めることを恐れない。

セラピストに相談してください。治療グループや自助グループに参加したり、同じ悩みを持つ人たちが集まる会を自ら立ち上げたりして、ジム通いに歯止めが利かず苦しむ人たちと団結しましょう。

7.「完璧な人間などいない」と覚えておく。

自分にできることを探してください。そして、自分にはできないことがあるのだという事実を受け入れましょう。

[プロの助言]

▶ 「ジムじゃなくて自宅でワークアウトしているから、セーフ！」ではありませんよ。それも立派な依存症です。

もしもランニングマシンが暴走したら

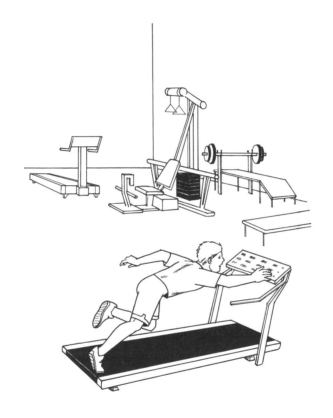

とにかく全速力でダッシュして、"電源スイッチ"を切ってください。もしくは、コントロールパネルに差しこまれている赤い"安全キー"を引き抜いてください。どうしても手が届かない場合は、全力で走りながら助けを呼んでください。

もしもダーツの矢が
刺さったら

1. 頭、首、胸、背中に深く突き刺さっている場合は、無理に抜かない。

清潔で小さめのタオルを冷水ですすぎ、しっかり水気を絞ってください。そのタオルをダーツの矢に巻きつけて、それ以上深く刺さったり傷口が裂けたりしないように固定してください。そのまま病院へ連れていくか、救急車を呼びましょう。

2. ダーツを抜く。

腕や足に刺さった場合は、すばやく一気に引き抜いてください。ケガの2次災害を防ぐために、抜いたダーツは安全な場所に置いておきましょう（ダーツの矢が跳ね返っていたり、すでに抜けていたりする場合は、どこに刺さったのか確認すること）。

3. 負傷者を座らせる。

4. 傷の様子を確認する。

血が噴き出している場合は、清潔な布を傷口に押し当ててください。ちょっとした出血であれば、手順8へ。

負傷箇所を確認する。

5. 傷口を圧迫する。

傷口を心臓より高い位置に持ち上げてください。布をしっかり当てて、5分間圧迫してください。

6. 布を外す。

まだ出血している場合は新しい清潔な布を用意して、さらに15分間圧迫してください。傷口を心臓より高く上げておくのも忘れずに。必要に応じて、布を取り替えてください。それでも出血が止まらない場合は、さらに30分間圧迫してください。

7. 傷の様子を確認する。

出血が止まったら、血を拭いて傷の様子を確認してください。

8. 洗い流す。

出血が止まった、あるいは出血量が減ったら、水道水で優しく洗い流してください。

9. 包帯を巻く。

消毒した大きな布、または包帯を巻いてください。

10. ダーツの矢も洗う。

水道水を使ったお湯で構わないので、しっかり洗ってください。洗ったあとは消毒用のアルコール（イソプロピルなど）で除菌すること。

11. 楽しいダーツの邪魔になるので、負傷者をどかす。

［プロの助言］

▶ 負傷者が過去10年間に破傷風の予防接種を受けていない場合は、追加で接種する必要があるかもしれません。

もしも栓抜きが
見つからなかったら

別の瓶を使用する方法

1. 開けたい瓶を、利き手と逆の手でまっすぐ立てて持つ。
   瓶のネックをつかみ、人差し指を蓋の後ろに添えてください。

2. 2本目の瓶を、ラベルの辺りに平行に指を添えて、持つ。
   この瓶を栓抜きに見立てて、2本の瓶を握手させるように
   する。

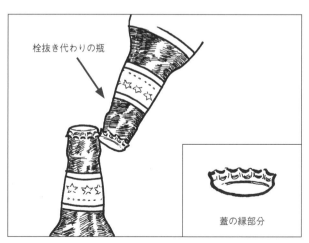

栓抜き代わりの瓶

蓋の縁部分

３．２本の瓶の蓋の先端を、嚙み合わせる。

必ず先端部分を嚙み合わせてください。根本の部分を嚙み合わせてしまうと、栓抜き代わりの瓶の蓋まで開いてしまいます。

４．オープナー代わりの瓶を支点として、開けたいほうの瓶を押し下げる。

５．さぁ、召しあがれ。

代替手段

２本の瓶をまっすぐ両手で持ち、蓋のギザギザ部分を嚙み合わせてください。そのまま勢いよく片方の瓶を引きます。ただし、場合によっては２本とも開いてしまうので注意すること。

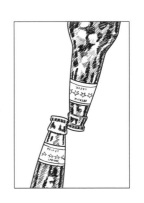

ライターを使用する方法

１．利き手と逆の手で瓶を握る。

親指と人差し指のあいだの部分が蓋の下に当たるように、瓶のネックをつかんでください。

２．蓋の下にライターの底を当てる。

人差し指の第１関節と第２関節のあいだに、ライターの底が当

たるようにしてください。

3.ライター上部を押し下げる。

利き手の人差し指を使って、しっかり押しこんでください。

4.蓋をこじ開ける。

必要であれば、瓶をまわしてライターの当たる位置を変え
ながら繰り返してください。

テーブルの端を利用する方法

1.テーブルの端に蓋を当てる。

蓋がテーブルの端に乗っている状
態にしてください。瓶はテーブル
の下にくるようにします。柔らか
い木材を使用したテーブルや、貴
重なアンティークのテーブルでは
絶対にやらないでください。

2.拳で瓶を殴る。

瓶はまっすぐ下がっていくので、自然と蓋が外れます。

スクリュードライバー、スプーン、フォーク、ナイフを利用する方法

**1.器具を蓋と瓶の隙間にぴったりと、できるだけ深く押
しこむ。**

2. 蓋をこじ開ける。

ペンキ缶を開けるときのように、ゆっくり瓶をまわして多方面から押し上げていきましょう。

3. 蓋が持ち上がったら、器具を思いきり差しこんで開ける。

ベルトのバックルを利用する方法

1. ベルトを外す。

ズボンが脱げそうになったら、座っておきましょう。

2. バックルの穴に瓶の蓋のギザギザした部分を突っこむ。

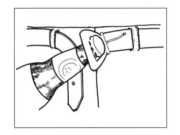

3. バックルの片方に蓋が乗るように調整する。

4. こじ開ける。

ゆっくり瓶を引いてください。強く引きすぎると、ビールがこぼれてズボンが濡れてしまいます。

5. ベルトを締める。

ドアの差し金を利用する方法

1. 瓶を差しこむ。

ドア枠には、鍵のデッドボルトを
受けるためのへこみ（ストライク）
があります。ストライクのフレー
ムに蓋が噛み合うように瓶を差し
こんでください。

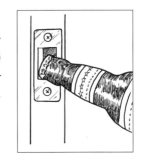

2. ゆっくり引っぱる。

簡単に蓋が開くはずです。

消火栓を利用する方法

1. "OPEN"と書かれた矢印を探す。

**2. 矢印の先端部分にある、ねじと
ナットの隙間を探す。**

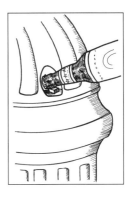

3. 隙間に瓶の蓋を差しこむ。

**4. 蓋が開くまで、ゆっくり瓶を押
し下げる。**

インライン・スケート靴を利用する方法

1. タイヤを固定するフレームと靴のあいだに瓶を差しこむ。

利き手で、しっかり瓶をつかんでおいてください。スケート靴を履いているのが自分の場合は、瓶を差しこんだ足とは逆側の手で瓶を持ってください。

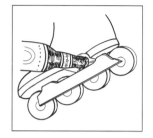

2. ゆっくり引っぱって蓋をこじ開ける。

蓋が開いたら、すぐに瓶を立ててください。せっかくのビールがこぼれてしまいます。

ビリヤードのブリッジヘッド(金属製に限る)を利用する方法

1. 片手にブリッジヘッドを持ち、逆の手で瓶を持つ。

ビリヤード台の上で瓶を開けないこと。

2. ブリッジヘッドの穴に瓶を差しこむ。

蓋が、ブリッジヘッドの縁にぴったりはまるようにしてください。

3. 瓶を押し下げる。

蓋が緩むまで、ゆっくり力を加えてください。せっかくのビールがこぼれないように、蓋が開

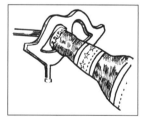

いたらすぐに瓶を立てること。

自動販売機を利用する方法

1. 新聞、スナック菓子、ジュース
   の自動販売機を探す。

   古い機種であれば、もしかしたら
   栓抜きがついているかもしれませ
   ん。

2. おつりの取り出し口に瓶を差し
   こむ。

   取り出し口の上部に蓋を押し当ててください。

3. 蓋が外れるまで瓶を押し下げてください。

［プロの助言］

▶ 瓶が割れてしまった場合は、危険ですので絶対に飲まないでください。

もしもスタジアムで
暴動に巻きこまれたら

1. 群衆を観察する。

怒りの矛先を瞬時に見極めてください。マスコットキャラクターなのか、ゴールポストなのか、スター選手なのか、レフリーなのか、ファンなのか、バンドメンバーなのか、コーチなのか、はたまたチアリーダーたちなのか。標的との距離を瞬時に目算してください。

2. 派閥を表すものは隠す。

あなたが応援するチームが標的になっている場合は、ファンであると見抜かれてしまうアイテムを隠してください。ユニフォームやチームカラーの衣類、チーム名やトレードマークの入ったものは、脱ぐなり何なりしてください。何の特徴もないバッグやビニール袋にでも入れておきましょう。その場から避難する際は、バッグなどを両腕で抱き締めるように持って胸部を守ってください。目立たないバッグなどを持っていない場合は、応援グッズは諦めて置いていくこと。

3. ヘルメットを自作する。

丸めた新聞紙や厚紙を帽子の中に入れて、即席のヘルメッ

マスコットキャラクターから離れる。

トにします。帽子がなければ、ポップコーンの空き箱など、何でもいいので頭にかぶってください。

4. マスコットキャラクターから離れる。

暴動の原因が何であれ、両チームのマスコットキャラクターは非常に狙われやすいです。どちらのマスコットキャラクターからも、距離を保っておきましょう。

5. 行動を見極める。

群衆は、1つの標的を目指して押し寄せてきます。群衆が向かう先を見極めましょう。

6. 飛んでくるものに注意。

缶、瓶、ペナント、水風船、石、パイプ、ベンチ、人間などが飛んでくる可能性があります。

7. 群衆をかき分けながら、横に歩いて最寄りの出口を目指す。

前進したり(暴動の中心に躍り出る危険性があります)、後退したり(迫りくる群衆に向かって突き進むようなものです)しないこと。

[プロの助言]

▶ ファン、選手、またはマスコットキャラクターとして暴動の原因になってしまった場合は、ユニフォームや着ぐるみを脱ぎ捨てて逃げてください。

恋愛とパートナーとのあれこれ

もしもライバルが
現れたら

1. 自分に問いかける。

初デートなのに、なんだか盛り上がらない？　自分よりも
ライバルのほうが好かれてるっぽい？　本当に、その人と
付き合いたい？

2. ライバルの本気度を測る。

ちょっと絡んできた酔っ払いなのか、しつこく絡んでくる
のか、それとも本気で奪おうとしているのかを見極めてく
ださい。ライバルの体の大きさも確認しておきましょう。
こういった周辺情報によって、反撃法が変わってきます。

3. 簡単に諦めない。

意中の相手に腕をまわしたり、耳元でささやいたり、キス
をしたり、なでたりしてください。相手は自分に夢中なの
だと、ライバルに見せつけてやりましょう。

4. 隣りは譲らない。

2人のあいだに入り、ライバルには背中を向けておきます。
ライバルの視界を完全にブロックしてやるのです。肩やお
尻で"うっかり"押しやっても、あくまでも事故なので、

２人のあいだに入りこんで、ライバルに背中を向ける。
ライバルの視界を完全にブロックする。

許されます。

5. ライバルに「やめて！」と訴える。

「2人の時間を楽しんでいるのだから邪魔しないでほしい」
と、丁寧かつ強気で訴えてください。あなただけではなく、
相手もそれを望んでいるのだと伝えましょう。ライバルが
しつこく言い寄ってきたら、ジョークや皮肉で空気をなご
ませてください。そして「フリーの異性を何人か紹介して
あげるから」とか「別の日に出直してくれないかな」など
と言って引き下がらせましょう。

6. ライバルが友人といるなら、その友人に仲介を頼んでやめさせる。

7. 意中の相手に、はっきり断らせる。

「ありがたいけど、あなたには興味がない」と、ライバル
にはっきり伝えてもらいましょう。

8. 場所を変える。

できるだけ、"乱闘"より"逃走"を選んでください。テー
ブルを移動したり店を変えたりすることを、提案しましょ
う。乱闘騒ぎを起こしてしまったら、素敵な夜が台なしで
すよ。

顔にできた青痣の治療法

1. 患部を冷やす。

砕いた氷を入れたビニールの保存袋を布で包んで、患部に
当ててください。氷がない場合は、冷凍食品や冷たい生肉

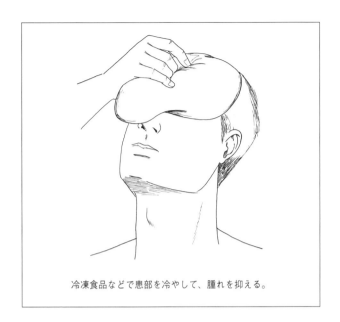

冷凍食品などで患部を冷やして、腫れを抑える。

などでも代用できます。

2. 座った状態で頭を後ろに倒し、患部に氷を乗せる。

氷を強く押しつけないように注意してください。頭を後ろに倒しているので重力が働き、腫れを最小限に抑えられます。氷が冷たすぎて顔に乗せていられない場合は、厚めの布で包みましょう。1時間ほど、そのままにしておきます。

3. 痛み止めを飲む。

痛みがひどい場合は、鎮痛剤を服用してください。

もしも口が臭かったら

1. ガムやミントを口に入れる。

適当に言い訳をしてバーカウンターなどに行き、ミントの
タブレットを探してください。ウェイターなどに頼めば、
ガムをもらえるかもしれません。トイレに行って2分間ガム
を噛んで、吐き出してください。においの原因となる唾
液も吐き出せるので、1時間くらいは爽やかな息を保てる
はずです。長時間ガムを噛む必要はありません。シュガー
レスガムが望ましいです。

2. パセリ、ミント、シナモンスティックなどを噛む。

トイレに行く途中で、ウェイターにつけ合わせ野菜を頼ん
でおきましょう（次ページ参照）。パセリやミントは天然
の口臭ケア食材です。シナモンスティックを噛んでも、同
様の効果を得られます。パウダー状のシナモンは口に入れ
ないこと。バーテンダーなら、シナモンスティックを用意
できるはずです。

3. サラダや生にんじんを注文する。

席を立てない場合は、ざらざらした食感のものを注文して
ください。これらを食べることで、においの原因となる舌
の汚れを落とせます。

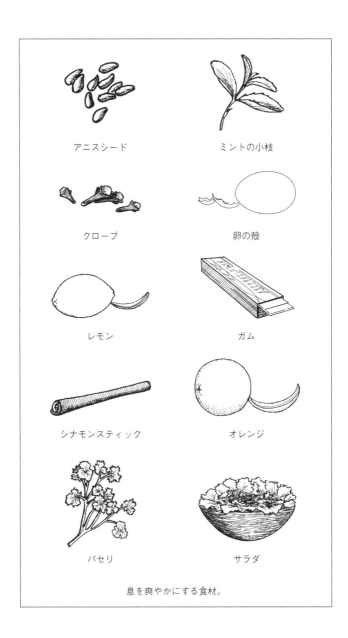

アニスシード

ミントの小枝

クローブ

卵の殻

レモン

ガム

シナモンスティック

オレンジ

パセリ

サラダ

息を爽やかにする食材。

▶ 食材のにおいは、自分が心配するほど他人は気にならないものですが、それで
もデート中に玉ねぎやニンニクは食べないようにしましょう。

口臭の予防法

１．フロスをする。

就寝前に、フロスをしましょう。無香料のものを選び、歯
間をこするたびににおいをかいでみましょう。最もにおい
の強いところを、入念にフロスしてください。フロスは歯
周病の予防にもなるため、長寿にもつながります。

２．舌みがきをする。

舌用ブラシを使って、舌の根本の部分の粘液を優しく除去
してください。鋭い金属がついたもので舌をこすらないよ
うに注意してください。

３．マウスウォッシュ液を使う。

効果の高いマウスウォッシュを選びましょう。必要であれ
ば数回振ってから、キャップに注ぎます。そこに歯ブラシ
を浸けて、数分間しっかり歯を磨いてください。歯磨き粉
とマウスウォッシュを同時に使用すると、お互いの効力が
打ち消し合ってしまうこともあるので注意してください。
キャップに残ったマウスウォッシュでうがいをして、口内
をゆすいでください。

もしもマッチングアプリに登録することになったら

1. 盛れている写真を選ぶ。

　小さな子供や、動物と写っている写真は好印象です。動物はさておき、子供と一緒の場合は、「子供好きです」「将来いいパパ（ママ）になります（なりたい）」「子煩悩になるつもり」オーラを出したいなら……の話ですが。もしくは、「すでに子持ちです」をそれとなく不特定多数に伝えたいなら、先々よからぬトラブルを避けるためにも有効です。

2. 遠回しな表現を使う。

　たとえば「無職」という言葉の代わりに、「次なる挑戦を求めて充電中」などと表現してみましょう。

3. お金持ちだと思わせる。

　高級ブランド品、クルーズ船、高級リゾート地でのバカンス風景などの写真をアップして、裕福であることをさりげなくアピールします。

4. 魅力的だと思わせる。

ロッククライミングや、写真、ワインなど、多趣味である
こともアピールしてみましょう。

5. 賢そうだと思わせる。

"好きなもの"をリストにして、威圧感を感じさせない程
度に、教養と知性をアピールします。高尚かつ独特すぎな
いジャンルの本、映画、テレビ番組、ミュージシャンなど
を並べて、あらゆる分野に精通している文化人を気取りま
す。

6. 自己紹介文はポジティブに。

「恋人と別れたばかりです」とかは、書かなくていいです。

盛れている写真を選ぶ。子供や動物と写っている写真が好印象。
子供と一緒の写真には、"それなりの覚悟"をしてのアピールで
あることを、よくよく自覚しておくこと（129ページ参照）。

掲載写真から相手を読み解くヒント

ネットにアップした写真	真実の姿
元恋人とのツーショット ➡	最近まで交際相手がいた。
高校の卒業写真 ➡	あれから10キロ以上太った。
パーティーの写真 ➡	今、ベロベロに酔っている。
赤ちゃんの写真 ➡	大昔はかわいかったけど……。
マグショット（その筋のところで撮られた写真） ➡	別れたらストーカーまっしぐら。
ぬいぐるみとのツーショット ➡	別れたらストーカーまっしぐら。
有名人との合成写真 ➡	両親と同居中。
結婚写真 ➡	既婚者。
裸の写真 ➡	とにかく必死。

もしも
別れたくなったら

1. すぐさま別れる。

たとえ付き合い始めたばかりだとしても、うまくいかないと気づいた瞬間に、きっぱり別れましょう。

2. コミュニケーション手段は慎重に選ぶ。

留守番電話への伝言、メールやSNSなど、交際期間が短ければ、こうしたコミュニケーション手段での別れ話も有効です。勇気がなければ手紙で伝えるのもいいかもしれません。交際期間が長い場合は、別れ話の切り出し方として手紙を書き、目の前で読んでもらうという手段もあります。

3. 優しくする。

相手の好きなところや、2人ですごした楽しい思い出に感謝の気持ちを伝えてください。ウソっぽく聞こえてしまうでしょうが、伝えないよりはマシです。

4. 別れの意思を明確に伝える。

「復縁の余地は絶対にあり得ない」と、態度で示します。きちんと説明する責任はありますが、別れの理由に同意してもらったり、理解してもらったりする必要はありません。

もう交際を終わらせると覚悟を決めたのですから、相手に
同意や理解を求めるのは、やめましょう。

5. 自分のことに集中する。

相手ではなく、自分の話をしてください。別れを、相手の
責任にしないこと。簡潔に、真実のみを話しましょう。「も
う一緒にはいられないけど、君のギャグセンスは最高だっ
たよ」とか、「この関係は、私にとって心地いいものじゃ
ない」などと伝えましょう。困ったら、この2つを何度も
言い続けましょう。

6. 別れの理由を、しつこく説明しない。

交際を続けるメリットやデメリットを、繰り返し説明しな
いでください。ダメ出しを「これでもか！」と言い続けた
り、別れたい理由を長々と説明する必要もありません。余
計、致命傷になるだけです。別れたい本当の理由を伝える
ことで相手を傷つけてしまう可能性があるのなら、黙って
おきましょう。

7. 痛みをやわらげようとしない。

あなたが別れを決めたのだから、相手がどんな反応を見せ
ようと、中途半端に優しくしないこと。慰めるのは、もう
あなたの役目ではありません。だからといって、冷たくし
ろと言っているわけではありませんよ。

8. 「また連絡する」なんて、絶対に言わないこと。

別れを切り出したくせにこんな言葉をかけるなんて、想像
力も優しさのかけらもあったもんじゃありません。もっと
正直に「これで最後なんだ」とわからせる言葉を、それと
なく選んでください。「どこかで偶然会うかもしれないし、

もしかしたらこれが最後かもしれないけど、元気でいてね」
などと言ってあげましょう。

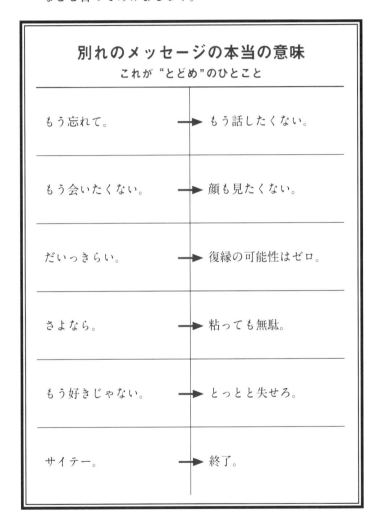

別れのメッセージの本当の意味
これが "とどめ" のひとこと

もう忘れて。	➡ もう話したくない。
もう会いたくない。	➡ 顔も見たくない。
だいっきらい。	➡ 復縁の可能性はゼロ。
さよなら。	➡ 粘っても無駄。
もう好きじゃない。	➡ とっとと失せろ。
サイテー。	➡ 終了。

もしも婚約者の両親に好かれたいなら

1. 直球勝負で挑む。

自分の気持ちに正直になって、話してみましょう。まずは「最近、ちょっと様子がおかしいなって感じているんです。何か、怒らせるようなことをしてしまいましたか？」と切り出して、自分の意見を伝えます。「あなたがこうした」と言うより「私は、こう感じました」と伝えるほうが、相手にソフトな印象を与えます。相手の言葉に耳を傾けて、批判も広い心で受け止めましょう。

2. 親切にする。

明るく、丁寧な態度で接していれば、やがて相手のガードも緩むはずです。焦らずに、ゆっくり時間をかけて仲よくなりましょう。

3. 証人を用意する。

婚約者の家族が訪ねてくるときは、友人、身内、近所の人など、あなたをすばらしい人間だと証言してくれる人を集めておきましょう。スポーツのコーチ、会社の上司、学生時代の先生、信仰している宗教の指導者、地域の偉い人などに推薦状を書いてもらい、それらをまとめた資料集を、

ご両親が泊まる部屋の枕元に置いておきます。1日のうち、どれだけの時間を将来の伴侶のために費やしているかを円グラフにしたものも、忘れずに加えておきましょう。

4. ご両親の手となり、足となる。

飼い猫の水を替えたり、風呂場の水漏れを直したり、早朝から飼い犬を散歩に連れていったり、とにかく何でも手伝ってください。ラッシュアワーの時間帯に空港まで送ったり、婚約者の弟に運転を教えたり、新しいコンピューターの設置を手伝ったり、レンガの目地を塗り直したり、確定申告を手伝ったり、家中のフローリングを張り替えたり、車をピカピカにしたりしてあげましょう。

5. 共通点を見つける。

あまり知ってもらえていないことが原因で嫌われているのなら、ご両親そろって、または1人ずつ連れ出して、相手の好きなことを一緒にやりましょう。相手の母親が紅茶好きなら、お茶に誘います。演劇が好きなら、舞台に誘いましょう。相手の父親は、ゴルフに誘ってもいいでしょう。口数の少ない男性ならば、映画やナイトクラブ（居酒屋？クラブ？　バー？）でもいいかもしれません。もちろん、支払いはあなたですよ。

6. 見つけやすい場所に日記帳を仕掛ける。

大きな夢を持った純粋な人物が、さも書きそうな言葉を並べておきましょう。婚約者への愛は、しつこいくらい主張しておくといいでしょう。「相手の家族のことも大好きで、彼らにも同じように自分を好きになってもらいたい」とも書いておくこと。

7. 有名人と知り合いのふりをする。

相手の家族が好きな有名人（政治家、作家、活動家、スポーツ選手、俳優など）を調べておき、サイン入りの写真をこれ見よがしに飾っておきます。「憧れの有名人に会わせてあげられるかも」とかなんとか言ってみましょう。

8. 結婚式費用は全額持つ。

もうすでに払っている場合は、相手の家族の住宅ローンや車代を肩代わりすると申し出ましょう。

9. 同居する。

大きな専用バスルームつきの部屋を用意してください。

10. 早めに孫を作ると約束する。

もしも
バチェラーパーティーから
逃げ出さなきゃ
ならなくなったら

手錠の鍵を開ける方法(手錠が鉄球につながっている場合)

バチェラーパーティーで新郎を鉄球つきの手錠につなぐのは、「結婚という重荷に縛られてしまった」という古いジョークによるものです。

1. 鍵の代わりになる金属片を探す。

鍵の形に曲げられる金属片さえあれば、手錠の鍵はそこまで苦労せずに開けられます。手錠は頑丈に作られているので、次のような金属を使用するのがおすすめです。

- 小さなスクリュードライバー
- 大きなペーパークリップ
- 頑丈なワイヤー(鶏舎用の金網やピアノ線など)
- 小さなフォーク
- ヘアピン

２. 金属の片側を90度に曲げる。

３. 金属を鍵穴に入れる。

90度に曲げたほうを鍵穴に入れて、角がはまる場所を探してください。そっと差しこめば、自然とはまるはずです。

４. 金属をまわして解錠する。

まず左にまわしてから、右にまわします。それでも解錠できない場合は、垂直に手を振り下ろして、手錠の掛け金を硬い台などに叩きつけてください。こうすることで錠前にかかる圧力が軽減され、鍵が回転しやすくなるはずです。ただし、叩きつける力が強すぎると、手錠の歯車が変に合わさってしまい、余計に手の動きを制限される可能性があります。

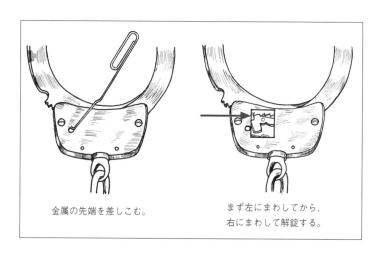

金属の先端を差しこむ。

まず左にまわしてから、
右にまわして解錠する。

もしも
相手の誕生日を忘れたら

1. 謝り倒す。

花束をあげたり、反省の言葉を繰り返したり、ラブレター
を書いたり、豪華なディナーをごちそうしたりしましょう。
一度の謝罪で済むとは思わないほうが身のためです。あり
きたりな発想は捨てて、パートナーを喜ばせてください。

2. 失敗を素直に認める。

「自分が悪かった」と、素直に認めてください。言い訳を
並べても、状況が悪化するだけです。

3. 相手の気持ちになって考える。

怒るのは当然なので、言い返さないこと。ただ「ひどく傷
つけてしまったね」とだけ言っておきましょう。

4. 失敗をチャラにできる計画を立てる。

週末のプチ旅行や高級ホテル宿泊だけでなく、相手が心か
ら喜ぶプレゼントも忘れずに。でも、誕生日から2日以上
すぎたら、どれだけ大量のプレゼントがあっても許しては
もらえないでしょう。こうなったら、話し合いは避けられ
ませんよ。

もしも
記念日を忘れたら

1. 大至急、花束を用意する。

事前に予約していなくても、生花店に頼めば花束を見繕ってくれるはずです。生花店に行く時間すらない場合は、隣りの家の花壇からデイジーでも引っこ抜いて花束にしましょう。かわいいリボンで飾って、「慌てて用意した花束なんかじゃないからね」、みたいな顔をして渡してください。

2. チョコレートを買う。

スーパーマーケットやドラッグストアに行けば、アソートになったチョコレートが買えるはずです。棒つきキャンディーを花束のようにリボンで束ねたものよりも、箱入りのチョコレートのほうが喜ばれます。

3. 「プレゼントは、ただ今絶賛、準備中です！」券を、用意する。

「まだ今は渡せないけど、素敵なプレゼントを用意してあります」と書いたカードを作っておきましょう。プレゼントの絵なんかを描いておけばOKです。

4．謝り倒す。

プレゼントを用意していないことがバレた場合、言い訳を
したところでどうにもなりません。「そんなに気にしなく
ていいのに」と言ってもらえるレベルで、心の底から懺悔
してください。

5．形のないプレゼントを渡す。

週末のスパ旅行などをプレゼントしてみましょう。のんび
り1人旅でも、ロマンティックな2人旅でもいいでしょう。

こうなったら未練タラタラ

- 誰かを呼ぼうとして、無意識に元恋人の名前を口にして
  しまった。

- 2番手だった相手と付き合い始めた。

- 思い出の曲を聴くと、とめどなく涙があふれる。

- SNSのステイタスが、まだ"交際中"になっている。

- 酔っ払うと電話してしまう。

- シラフでも電話してしまう。

- 元恋人のSNSを1時間おきにチェックしている。

- まだ結婚式を計画している。

- 元恋人の写真と眠っている。

- 元恋人の家の前に車を停めている。

"それってホントは
こういうことだよね?"
用語集

● ビール

麦を発酵させて作る、古代から伝わる飲み物。世界中で3番目に多く飲まれている。シュワシュワで非常においしい。スポーツ観戦しながら飲むのが正しいマナーの1つ。応援に熱が入り、止まらなくなる。爽やかな喉ごしが災いし、多くの人に耐え難いダメージ（二日酔い）を与える。

● ボクシング

2人のうち、片方が倒れて立ち上がれなくなるまで殴り合うスポーツ。

● ブロマンス

男同士の友情。一緒に食事をしたり、酒を飲んだり、映画を観たりする間柄のこと。お出かけしたり、ラスベガスまで旅行したりもするが、決して恋愛関係にはならない。関連する用語：ロマンス（シリーズ第4弾『もしもコピー機にネクタイを巻きこまれたら（仮題・2024年7月発売予定）』参照）。

● カプサイシン

ホットソースの原材料となる唐辛子の、辛みのもとになる魔法の成分。ホットソースさえあれば、どんな食べ物もおいしくなる。

● 猫

ネコ科の仲間で、家畜哺乳類。飼い犬に追いまわされたりしている。

● チェーンソー

チェーン状に刃のついた電動ノコギリ。木を伐採したり、近所の子供を庭から追い払ったりするときに使用する。

● つまらない雑用

皿洗いや洗濯物をたたむなど、パートナーから命じられる簡単な家事のこと。後回しにするか、最初から頼みにくい雰囲気を出しておくのが回避するコツ。

● ダイエット

ドーナツ、ベーコン、チーズバーガーなどを1日1回に我慢すること。

● 犬

イヌ科の仲間で、肉食。家畜哺乳類。心の友。

● アメリカン・フットボール

相手チームのエンドゾーンまで、卵形のボールを抱えて走ったり、放り投げたりして、スコアを稼ぐチームスポーツ。ポテチとビール（前ページ参照）を片手に観戦すると、楽しさ倍増で最高。

● ゴルフ

笑っちゃうような服装で、3時間ふらふらと歩きまわるスポーツ。理想的な午後の過ごし方。

● ハンマー

長い柄のついた、重い工具。壁に釘を打ったり、間違えて打った釘を抜いたり、うっかり足に落とせば、流暢な暴言があふれ出す。

● 馬力

仕事率の単位。馬1頭の力に相当するもの。1馬力は約746ワットに相等する。エンジン出力などに使われるが、男らしさを表す単位としても使われる。

著者・訳者について

David Borgenicht（デビッド・ボーゲニクト）
家族とフィラデルフィアに暮らす作家、出版者。『The Worst-Case Scenario Survival Handbook』シリーズすべての共著者。

Brenda Brown（ブレンダ・ブラウン）
イラストレーター、漫画家。『もしもワニに襲われたら』『もしも車ごと崖から落ちそうになったら』、『Esquire』、『Reader's Digest』、『USA Weekend』、『21st Century Science & Technology』、『Saturday Evening Post』、『National Enquirer』などのイラストを担当している。

Jim Grace（ジム・グレース）
『The Worst-Case Scenario Survival Handbook: Golf』の共著者。

Sarah Jordan（サラ・ジョーダン）
『The Worst-Case Scenario Survival Handbook: Parenting』と『The Worst-Case Scenario Survival Handbook: Weddings』の共著者。

Piers Marchant（ピアース・マーチャント）
『The Worst-Case Scenario Survival Handbook: Life』と『The Worst-Case Scenario Almanac: History』の共著者。

Joshua Piven（ジョシュア・ペイビン）

デビッド・ボーゲニクト同様、すべての『The Worst-Case Scenario Survival Handbook』シリーズの共著者。家族と一緒にフィラデルフィア在住。

Dan and Judy Ramsey（ダン・ラムジー、ジュディ・ラムジー）

『The Worst-Case Scenario Pocket Guide: Retirement』の共著者。

Victoria De Silverio（ヴィクトリア・デ・シルヴェリオ）

『The Worst-Case Scenario Pocket Guide: Breakups』の共著者。

Sam Stall（サム・ストール）

『The Worst-Case Scenario Pocket Guide: Dogs』の共著者。

Ben H. Winters（ベン・H・ウィンターズ）

『The Worst-Case Scenario Pocket Guide』シリーズの Cars、Cats、Meetings、New York City、San Francisco の共著者。

Jennifer Worick（ジェニファー・ウォリック）

『The Worst-Case Scenario Survival Handbook: College』と『The Worst-Case Scenario Survival Handbook: Dating & Sex』の共著者。

梅澤乃奈（うめざわ・のな）

さまざまな職を経験したのちに「本当にやりたいことは何だろう」と考え、翻訳の道を志す。訳書に『もしもワニに襲われたら』『もしも車ごと崖から落ちそうになったら』『テイラー・スウィフトの生声』（以上、文響社）、字幕担当作品に Netflix 配信『ミス・アメリカーナ』や『3人のキリスト』、ディズニープラス配信『ザ・シンプソンズ』などがある。

訳者あとがき

　この世界は危険に満ちている――もう三度目になるので、さすがに今さら言う必要もないかと思ったが、注意しすぎということはないので警告を促してみた。

　さて、読者の皆さんは海が好きだろうか。訳者は、正直に言うと苦手である。海洋生物が怖いので、海に潜るなどもっての外だ。潜水艦になんぞ乗ろうものなら、沈み始めた直後に気を失うこと間違いなしだ。海の上をぷかぷか浮かぶ船も怖い。海を想像してみてほしい。船が沈んだら、逃げ場がないではないか。考えただけで怖い。

　しかも、海には危険な生物がうようよしているばかりか、海賊までいるらしい。麦わら帽子をかぶって「しししし」と笑ってくれる愉快な海賊でもなければ、ラム酒を片手に古い海賊の歌を口ずさむ男前の海賊でもない。推測の範囲を出ないが、おそらく27ページの挿絵にあるような片目に眼帯をつけた昔ながらの海賊でもないと思う。出くわしてしまえば命の危険すら覚えるような、本物の"海賊"だ。

　じゃあ陸地なら安全なのかと問われれば、残念ながらそれも違う。車に乗ればエンジンが火を噴くし、バイクに乗ればスピンするし、歩いていたら凶暴な犬にも遭遇する。

　こうなったら室内にいるしかない。しかし、ここでも危険はつきまとう。中でも最も恐ろしいのは、ジム依存症だと思う。ジムと言えば健康的なイメージがあるが、何事も用法と用量を守って正しく使用する必要があるということか。

前2作と大きく異なる点は、恋愛とパートナーとのあれこれまで助言してくれている点だろう。本書がなければ、パートナーの誕生日を忘れるなどといった大失態から信頼を取り戻すのは、ほぼ不可能に近い。

　誕生日や記念日を覚えておくのが苦手だという方は、本書を肌身離さず持っておいても損はない……かもしれない。

梅澤乃奈

もしも海賊に襲われたら

究極のサバイバルシリーズ

著者	ジョシュア・ペイビン／デビッド・ボーゲニクト
	ベン・H・ウィンターズ
訳者	梅澤乃奈
デザイン	周田心語（文響社デザイン室）
本文組版	(有)エヴリ・シンク
校正	山田亮子
編集協力	渡辺のぞみ
編集	畑北斗
発行者	山本周嗣
発行所	株式会社文響社
ホームページ	https://bunkyosha.com
お問い合わせ	info@bunkyosha.com
印刷・製本	中央精版印刷株式会社